たったひと言で、人間関係が変わる

# 気の利いた言い換え680語

話題の達人倶楽部[編]

青春出版社

# はじめに

とにかく、「言葉」は使いようです。

たとえば、「Aさんって、どんな人ですか？」と聞かれたとき、「なかなか、変わった人ですよ」や「とにかく、うるさい人ですよ」などと答えると、Aさんをかるくディスる（悪く言う）ことになってしまいます。

このような言葉が、その後、Aさんの耳に届いたら、陰口を言ったように思われるのは必定。人間関係にヒビが入りかねません。

では、悪口にならないように、しかも事実や真意をまげないように伝えるには、どう表現すればいいのでしょうか？

それぞれ、「なかなか、面白い人ですよ」、「とにかく、にぎやかな人ですよ」と言い換えればどうでしょう？　こう言えば、悪口にならないうえ、言わんとするところは、ほぼ伝えられるはずです。

というように、大人の会話では、「変わった」や「うるさい」といったネガティブな言葉をなるべく避けて、「面白い」や「にぎやかな」といったポジティブな（少なくともニュートラルな）言葉を使って表現する技術が必要です。

相手の意見に反対したり、仕事にダメを出したり、誘いを断ったりするときにも、ネガティブな言葉を使わない大人のモノの言い方があるのです。

というわけで、本書の出番です。この世の中、「ポジティブな言い換え」の積み重ねによって、円満な人間関係は成り立っています。前向きな言葉に変換すれば、自分も相手も気分よく付き合え、人間関係も仕事などの結果もよくなります。

また、不用意な一言で人間関係を終わらせたり、無用のトラブルを招いたりしないためにも、ポジティブな言い換え680語を収めた本書をお役立ていただければ幸いに思います。

2023年6月

話題の達人倶楽部

たったひと言で、人間関係が変わる　気の利いた言い換え680語＊目次

1 あ行 ——ネガティブ・ワードは地雷の宝庫 …… 9
2 か行 ——不用意なひと言が人間関係を破壊する …… 65
3 さ行 ——そのちょっとしたひと言があぶない …… 119
4 た・な行 ——「モノは言いよう」は真実です …… 161

5 は行
——結局、「言い方」で9割決まる……207

6 ま・や・ら・わ行
——言葉が変われば、人間関係が変わる……245

付章 モノの見方が一瞬で変わる「言い換え」の話……293

DTP■フジマックオフィス

# 1

# あ行

――ネガティブ・ワードは地雷の宝庫

# あ

**×愛想がない**
↓
**○媚を売らない**

「愛想がない」というと悪口になりますが、同じように無愛想でも、「媚を売らない」といえば、ほめ言葉に聞こえます。「彼の媚を売らないところが好感を持てますね」など。

**×あいまいな**
↓
**○含みがある**

「あいまい」な人は、態度や物事をなかなかはっきりさせないもの。しかし、それを〝大人の芸〟ととらえれば、たとえば、「あいまいな表現」は「含みがある表現」

や「自由に解釈できる表現」などと言い換えられます。

×青臭い意見

↓

○フレッシュな意見

「青臭い」人は、まだ若く、成長過程にあるはず。その点を肯定的にみることができれば、「フレッシュ」や「若々しい」「伸びしろがある（まだ成長する余地があるという意）」などと表現できます。たとえば、「青臭い意見」は「フレッシュな意見」というように。

×青二才

↓

○将来が楽しみな青年

「青二才」は、年若く経験の浅い人を指すネガティブな言葉（以下、「ネガ語」とも）。ただ、その若さを評価すれば、「将来が楽しみな青年」と表せます。なお、「青二才」

の「二才」は年齢ではなく、「新背（にいせ）」が変化したという説が有力です。

---

**×飽きっぽい**

**←**

**○いろいろなことに興味がある**

「飽きっぽい」人が、いろいろなことに手を出すのは、新しいことに興味があるからでしょう。○のほか、「好奇心豊か」「流行に敏感」「多趣味」、あるいは「気持ちの切り替えが早い」「行動力がある」「視野が広い」などと言い換えれば、ディスる（悪く言う）ことなく、その性格を表せます。

---

**×あきらめが早い**

**←**

**○見切りが早い**

「あきらめが早い」人は、肯定的にみると、「状況判断が早い」人といえます。「見切りが早い」をはじめ、「切り替えが早い」「思い切りがよい」「潔い」「未練がましくない」などに言い換えられます。たとえば、「あきらめが早いので」は「見切りが早いので」というように。

**×あきらめが悪い**
**↓**
**○粘り強い**

一方、「あきらめが悪い」ことをポジティブにとらえると、「粘り強い」のほか、「根気がいい」「勝負を投げない」「根性がある」「やりとおそうとする」「一度や二度の失敗では挫(くじ)けない」などに言い換えられます。

**×悪趣味**
**↓**
**○独特のセンス**

「悪趣味」な人は、ほかの人とは違う独特のセンスを持っているといえます。その点に目を向ければ、「独特のセンス」や「独特の感性」「個性的」などに言い換えられます。

**×あくどい　←**

**○情にほだされない**

「あくどい」人は、情に流されたり、人の評判を気にしたりすることはないでしょう。そうみれば、「情にほだされない」や「人の噂を気にしない」「メンタルが強い」などに言い換えられます。

**×揚げ足をとる　←**

**○ささいなことも見逃さない**

「揚げ足をとる」ためには、相手をよく観察する必要があります。その点に着目すれば、「観察力がある」や「注意力がある」「ささいなことも見逃さない」などに言い換えられます。

×あざとい
←
○頭がいい

「あざとい」は、図々しく、あくどいことを意味するネガティブな形容詞。ただ、その「抜け目のなさ」に目を向ければ、皮肉まじりに「頭がいい」や「賢い」と表現できます。たとえば、「あざとい商法」は「賢い商法」というように。

×あさはか
←
○思い切りがよい

「あさはか」な人は、じっくりとは考えない分、結論を出すのは速いはず。そこに目を向ければ、「思い切りがよい」や「即断即決」「スピーディ」「アクティブ」「大胆」などに言い換えることができます。「思慮が足りない判断」も同様に言い換えられます。

×味音痴　←

〇何でもおいしく食べられる

「味音痴」な人は、味がよくわからない分、食べ物の味に関してうるさくはないだろうということを前提にした言い換えです。その点を肯定的にみれば、「何でもおいしく食べられる」と表せます。

×遊び人　←

〇自由人

「遊び人」は、定職がなく、ぶらぶら遊び暮らしている人。ただ、ルールや常識から解き放たれた自由な存在ともいえ、その点をポジティブにみれば、「自由人」や「物事に縛られない人」と言い換えられます。また、「遊び人」よりは「遊民」のほうがマシな表現です。

## ×頭が固い

## ○ぶれない←

「頭が固い」人は、考え方や態度、方針などを簡単には変えることはありません。その点に注目すると、「ぶれない」「信念がある」「芯が強い」「自分を貫く」「一徹」「一途（いちず）」などに言い換えられます。「彼は頭が固いのではなく、ぶれないのです」というように。

## ×頭が古い

## ○昔気質（かたぎ）←

「頭が古い」は、考え方が古く、今の時代に合わないという意味。ただ、その「変わらない」点をポジティブにみれば、「昔気質」ともとらえられます。そのほか、「伝統を大切にしている」や「時代に迎合しない」とも表せます。

**×新しいことに挑戦しない**

↓

**○確実な方法を選んでいる**

「新しいことに挑戦しない」人は、よくいえば「堅実」であり「危なげがない」人。また、「確実な方法を選んでいる」や「足が地についている」「現実的」にも言い換えられます。「○○さんの企画は、いつも現実的ですね」のように。

---

**×新しい発想がない**

↓

**○経験を大切にしている**

「新しい発想がない」のは、「過去の経験を大切にしている」からかもしれません。「経験を大事にしている」や「これまでの実績を重要視している」と言い換えることもできます。

×新しさに欠ける
←
○オーソドックスな

「新しさに欠ける」ということをポジティブにみれば、正統的、伝統的であるということ。そうみれば、「オーソドックスな」や「足が地についた」「伝統を大事にする」「堅実」などと表せます。たとえば、「新しさに欠ける計画」は「足が地についた計画」、「新しさに欠けるアイデア」は「堅実なアイデア」というように。

×厚かましい態度
←
○物怖じしない態度

「厚かましい」人は、物事をあまり恐れません。その点に目を向ければ、「物怖じしない」や「度胸がある」「妙な遠慮をしない」「威勢がいい」などに言い換えられます。

×暑苦しい

↓

○熱血漢

「あの人、暑苦しいね」といわれるような人は、よくいえば、その人なりの情熱をもって物事に当たる人といえます。そうした熱っぽさは、「やる気に溢れている」や「バイタリティに溢れている」「情熱的」と言い換えられます。男性の場合は「熱血漢」と形容してもいいでしょう。

×アバウト

↓

○細かなことにこだわらない

「アバウト」であることを、肯定的にみれば、おおらかで、セコセコしていないということ。「細かなことにこだわらない」や「大きな視点でものを見ている」「大人物」と形容することもできます。

### ×甘っちょろい

### ←

### ○純粋、やさしい、素直、ピュア

「甘っちょろい」人といえば、考え方が安易な人のことですが、その「お人よし」な点をポジティブにみれば、「純粋」や「やさしい」「素直」「ピュア」などと表現できます。たとえば、「考え方が甘っちょろくてね」は「素直に考えるほうでね」というように。

### ×天の邪鬼

### ←

### ○自分を曲げない

「天の邪鬼」な人は、とかく人の言葉に「逆らう」わけですが、それは「自分を曲げない」態度といえなくもありません。そうみれば、「天の邪鬼なところがある人でしてね」は、「自分を曲げない人なので」と言い換えることができます。

×天の邪鬼
←
○逆転の発想ができる

もう一つ「天の邪鬼」の言い換えです。天の邪鬼な人は、わざと人に逆らう言動をします。そうするには、人とは違ったものの見方が必要で、その点を肯定的にみれば、「逆転の発想ができる」ともいえます。「彼は、天の邪鬼ではないんです。逆転の発想ができるのです」のように。

---

×怪しい人物
←
○ミステリアスな人物

日本語で「怪しい」というと、如何(いかが)わしいという意味になります。一方、英語(カタカナ語)で「ミステリアス」というと、謎めいている点にスポットを当てられます。たとえば、「怪しい人物」を「ミステリアスな人物」と言い換えると、如何わしいというニュアンスを消せます。

## ×荒っぽい

## ↓

## ○野性味がある

「荒っぽい」は、言動の荒々しさを表す言葉。ただ、その活力に溢(あふ)れた点をポジティブにみれば、「野性味がある」や「ワイルド」と表現できます。「荒っぽいタイプ」は「ワイルドなタイプ」というように。

## ×ありきたりの

## ↓

## ○定番の

「ありきたりの」は「どこにでもある」という意味で、「つまらない」や「無個性」というニュアンスを含みます。一方、「定番の」といえば、マイナスの意味合いは消えます。ほかに、「ポピュラーな」「おなじみの」「お約束の」「人気の」「世の中に広く受け入れられている」などに言い換えると、ネガティブなニュアンスを伴いません。たとえば、「ありきたりの企画」は「定番の企画」、「ありきたりの味」は「おなじみの味」というように。

**×あわて者**
　　←
**○行動が素早い人**

「あわて者」や「あわてん坊」というと、ネガティブな意味になりますが、その「動きの速さ」に注目すれば、「行動が素早い人」や「動き出しの早い人」と形容できます。

## い

×いい加減

←

○おおらか

「いい加減」な人は、無責任に、仕事を途中で投げ出したりします。ただ、その「自由な」ところに目を向ければ、「おおらか」や「鷹揚」、「細かいことを気にしない」「人目を気にしない」「小さなことにこだわらない」などに言い換えることができます。

---

×いいなり

←

○協調性がある

人の「いいなり」のように見えるのは、「協調性が人一倍すぐれている」からかもしれません。そういう人は、「協調性がある」のほか、「人の意見をよく受け入れる」や「物分かりがいい」と表すこともできます。

---

**×言い訳が多い**
**↓**
**○語彙(ごい)力がある**

「言い訳が多い」人は、言葉を駆使して自分を弁護します。その「能力」を評価すれば、「語彙力がある」や「ボキャブラリーが豊富」「説明能力がある」などと言い換えられます。また、その「理由」を探す能力は、「自己分析力がある」や「状況を客観的に分析できる」とも表せます。

---

**×言うことが矛盾している**
**↓**
**○細かなことにこだわらない**

「言うことが矛盾」していても平気な人は、「細かなことにこだわらない」のほか、

「鷹揚」や「おおらか」に言い換えられます。

**×イエスマン**

**→○忠誠心が厚い**

「イエスマン」は、リーダーやボスに対して、「イエス」としかいわない人。その「忠実さ」を肯定的にみれば、「忠誠心が厚い」とも形容できます。

**×行き当たりばったり**

**→○臨機応変**

「行き当たりばったり」な人は、その場で状況に対応しているとみることもでき、そうみれば、「臨機応変」と言い換えられます。また、「自然の流れに身をまかせる」「机上の計画を立てない」と言い換えることもできます。

## ×意気地がない　←　○慎重

「意気地がない」人は、腰が引けている分、大きなケガをしません。そこを肯定的にみれば、「慎重」や「用心深い」のほか、「細心」とも言い換えられます。「意気地がないんじゃなくて、慎重なんだよ」のように。

## ×意見が合わない　←　○方向性の違い、立場の違い、解釈の違い

「意見が合わない」というと、仲が悪く、敵対しているという意味合いになってしまうので、婉曲に表現したいところ。「価値観の違い」や「方向性の違い」「立場の違い」「解釈の違い」などに言い換えることができます。たとえば、音楽バンドが解散する場合には、本当は「意見が合わずに解散」した場合でも、「方向性の違いで解散」と表現するものです。

**×意見がない**

↓

**○人の意見に耳をよく傾ける**

「意見がない」人は、ほかの人の意見に左右されるわけで、そのためには、人の話をよく聞くことが必要。そこに焦点を当てれば、「人の意見に耳をよく傾ける」と言い換えられます。また、「他者の考えを尊重している」や「度量が広い」とも形容することができます。

---

**×石頭**

↓

**○自分を曲げない、信念を持っている**

「石頭」は、融通がきかない人を表す言葉。ただ、その「頑固さ」をポジティブにとらえれば、「自分を曲げない」や「信念を持っている」と言い換えられます。たとえば、「うちの社長は石頭なので」は、「うちの社長は信念を持っているので」というように。

**×意志が弱い　←　○素直**

「意志が弱い」人は、自分の意見で動くのではなく、人の意見に従ってしまうわけで、その点を肯定的にみれば、「素直」や「柔軟」、「人の意見を尊重する」と言い換えられます。

**×いじける　←　○感受性が強い**

「いじける」は、すねて、素直でなくなるさまを表す動詞。そうしたポーズをとるのも、「感受性が強い」ことのあらわれといえるかもしれません。

×異質
←
○同調圧力に屈しない

「異質」であるということは、同調圧力をはねのける力があるということ。その点に着目すれば、「同調圧力に屈しない」や「常識にとらわれない」と表すことができます。また、「個性的」と表せるタイプもいることでしょう。

×意地っ張り
←
○意志が強い

「意地っ張り」な人は、ほかの人の意見に耳を傾けようとしません。その頑固さを肯定的に表すと、「意志が強い」や「周囲に流されない」となります。たとえば、「とにかく、意地っ張りですからね」は「とにかく、意志が強いですからね」というように。

×イタい
←
○自然に振る舞っている

近頃、口語で使われる「イタい」は、空気が読めず、場違いであるという意味。「イタい」人を温かい目でみると、「自分の気持ちに素直」や「自然に振る舞っている」といえるでしょう。また、そういう人は、周囲の白い目に「動じない」人とも表せます。

×居丈高
←
○自信満々

「居丈高」な人は、他の人に対して威圧的な態度をとります。そうした高姿勢に出るには、自分に対して、相当の自信を持っていることが必要でしょう。そうみれば、「自信満々」や「自信に満ちている」と表現できます。

×威張っている　←　○威厳がある

「威張っている」人は、むろん自信に満ち溢れています。その点を肯定的にみれば、「威厳がある」や「自分に自信を持っている」「リーダーの雰囲気がある」などに言い換えることができます。たとえば、「威張っている人」は「威厳がある人物」というように。

×一匹狼　←　○自立している

「一匹狼」は、カッコいい言葉ではありますが、「孤立している」というニュアンスを含みます。それを「自立している」や「自主性がある」「組織の力に頼らない」に言い換えると、マイナスの意味合いが消えます。

×田舎臭い

↑

○郷愁を誘う

「田舎臭い」はふつう洗練されていない、野暮ったいという意味で使われています。しかし、「田舎臭い」ものには、「昔」を思い起こさせる力があります。そこに着目すれば、「郷愁を誘う」や「心安らぐ」と表せます。

---

×イライラしている

↑

○現状に満足していない

「イライラしている」原因の多くは、物事が思うようにならないからでしょう。その点に目を向ければ、「現状に満足していない」と表すことができます。たとえば、「いつもイライラしているんだよ」を「たえず、現状に満足していないからね」というように。また、「向上心が強い」と表せるタイプもいるでしょう。

---

## ×いるのかいないのかわからない

## ←○縁の下の力持ち

「いるのかいないのかわからない」人も、人の気づかないところで、役に立っているかもしれません。そうみれば、「縁の下の力持ち」と言い換えられます。「存在感がない」や「目立たない」も、同様に言い換えることができます。

## ×入れ込んでいる

## ←○気合が入っている

「入れ込んでいる」というと、必要以上に興奮しているという意味になりますが、力が入っている点に着目すれば、「気合が入っている」と言い換えられます。たとえば、「今回は相当、入れ込んでいるようです」は、「今回は相当、気合が入っているようです」のように。

×色気がある　←　○魅力的

今、女性に対して「色気がある」というと、セクハラになりかねません。「魅力的」や「魅力がある」なら、男女の別なく使える言葉。こちらは、女性に対して使っても、まだ許容範囲の中にあるといえそうです。

×曰く付きの　←　○話題の

「曰く付き」は、よくない事情があることを意味する言葉。ただ、そうしたことを含めて、人の口の端にのぼっていることに注目すれば、「話題の」や「評判の」「噂の」と表すことができます。たとえば、「曰く付きの絵」は「何かと評判の絵」というように。

×陰気
←
○落ちついている

「陰気」な人は、やかましく騒いだりはしません。その点を肯定的にみれば、「落ちついている」や「もの静かな」と形容できます。「暗い」「地味」「目立たない」も、同様に言い換えられます。

×慇懃(いんぎん)無礼
←
○作法を心得ている

「慇懃無礼」な人は、一応のところ「慇懃」（丁寧なこと）ではあるわけで、その点だけをみれば、「作法をよく心得ている」と形容できます。相手が男性なら「紳士然としている」と言い換えることもできるでしょう。

## う

### ×上から目線
### ←
### ○堂々と意見をいえる

「上から目線」でものをいう人は、むろん自分の言葉に自信を持っています。その点を肯定的にみれば、「堂々と意見をいえる」や「自信に溢れた」と形容できます。たとえば、「上から目線の物言い」は「自信に溢れた物言い」のように。

### ×浮き世離れしている
### ←
### ○世間の風潮に流されない

「浮き世離れしている」人は、俗世間から距離を置いているので、多数派の常識や流行に影響を受けたりしません。その点に目を向ければ、「世間の風潮に流されない」と言い換えられます。

**×うざい**

←

**○近寄りたくない**

「うざい」は、不快な気分を表す俗語。「近寄りたくない」や「敬遠したい」と表せば、ポジティブ変換とはいえないまでも、もとの言葉の俗っぽさを消し、大人の表現にできます。

**×うじうじしている**

←

**○物事をよく考える**

「うじうじしている」というと、もじもじ、ぐずぐずしているというネガティブな意味合いが生じます。しかし、そうした点をポジティブにみれば、「物事をよく考える」や「慎重に判断する」「慎重派」などと表現できます。たとえば、「いつも、うじうじしていましてね」は「慎重派でしてね」というように。

**×疑い深い**
↓
**○慎重**

「疑い深い」人は、状況をよく見て、注意深く考える人ともいえるでしょう。そうみれば、「慎重に判断する」や「状況をよく観察する」などに言い換えられます。たとえば、「疑い深いところがありましてね」は「慎重に判断する人でしてね」というように。

**×うだつが上がらない**
↓
**○縁の下の力持ち**

「うだつが上がらない」人は、ぱっとしない人かもしれませんが、目立たないところで、人の役に立っているかもしれません。そうみれば、「縁の下の力持ち」と表せる人もいるでしょう。

### ×打たれ弱い
↓
### ○ナイーブ

英語（カタカナ語）を使うと、ネガティブなニュアンスが消える場合があります。これもその一つで、「打たれ弱い」というと性格が弱いように聞こえますが、「ナイーブ」に言い換えると、マイナスイメージが消えます。「だまされやすい」や「世間知らずの」も、同様に言い換えられます。

### ×内気
↓
### ○おしとやか

「内気」な人は、言葉数の少ない、もの静かな人でしょう。そこに目を向ければ、「おしとやか」と言い換えることができます。たとえば、「内気なお嬢さん」は「おしとやかなお嬢さん」というように。なお、漢字では「お淑やか」と書きます。

---

**×うつつを抜かす**
**←**
**○熱中している**

「うつつを抜かす」は、何かに心を奪われているさまをネガティブに表す言葉。ただ、その「夢中になっている」ところに着目すれば、「熱中している」や「集中している」と表すこともできます。

---

**×移り気**
**←**
**○好奇心旺盛**

「移り気」な人が、さまざまなことに手を出すのは、興味が次々と湧いてくるからでしょう。そうした性格は、「好奇心旺盛」とも表せます。あるいは、「積極的」や「行動的」とも形容できます。

×器が小さい

←

○細部にまで気を配る

「器が小さい」人は、細かなところまでよく気がつくため、神経質になってしまうのです。そうした性格は、「細部にまで気を配る」や「神経が行き届いている」のように、ポジティブに形容することもできます。

×うどの大木

←

○体格がいい

「うどの大木」は、体ばかりが大きくて、役に立たない人のたとえ。食用になるうどの茎は、木のように長く伸びると、食用にならなくなる一方、「材」としても役に立たないことに由来する言葉です。人に対して使うと、かなりの悪口になるので、「体格がいい」や「大柄」に言い換えるのが、失礼のないもの言いです。

## ×うぬぼれている
←
## ○自信に満ち溢れている

「うぬぼれている」というと、悪口になりますが、「自信に満ち溢れている」といえば、自分の能力を信じていることを肯定的に表現できます。たとえば、「うぬぼれた発言」は「自信に満ち溢れた発言」、「うぬぼれ屋」は「自信に満ち溢れている人」というように。

## ×海千山千
←
## ○老獪(ろうかい)

「海千山千」というと、悪辣なことも平気でするというニュアンスを含みます。「老獪」も、「獪」(「獪い」で「わるがしこい」と訓読みします)という漢字を含む分、マイナスの意味合いを含まないわけではありませんが、悪口の濃度は多少薄まります。また、「知恵深い」や「経験を積んでいる」と形容すれば、ネガティブなニュアンスは100%消えます。たとえば、「海千山千の政治家」は「知恵深い政治家」というように。

**×うるさい人**
**←**
**○にぎやかな人**

「うるさい」人は、よくしゃべる活発な人でしょう。その点を肯定的にみれば、「にぎやか」や「元気」「陽気」「エネルギッシュ」などに言い換えられます。人によっては「世話好き」や「よく気がつく」という形容が似合うこともあるでしょう。

**×うるさ型**
**←**
**○論客**

「うるさ型」は、何にでも口を出し、文句をいいたがる人。ただ、文句をいうためには、その人なりの見識をもって物事を論じることが必要なはず。そこに目を向ければ、「論客」と言い換えることができます。「一言居士」も、同じく「論客」に言い換えられます。

---

**×噂好き　←　○情報通**

「噂好き」の人には、いろいろな話が入ってきているはず。その点に着目すれば、「情報通」や「早耳」「いろいろとご存じの方」などに言い換えられます。たとえば、「当社きっての噂好き」は「当社きっての情報通」というように。

## え

### ×えこ贔屓（ひいき）する

←

### ○情に厚い

「えこ贔屓する」のは、むろん贔屓する相手を思いやる気持ちがあるから。その点だけをみれば、「情に厚い」や「世話好き」と表すこともできます。極端にいえば、「不公平」も、同様に言い換えることができます。「不公平な扱い」は「情を優先した扱い」というように。

---

### ×得体が知れない

←

### ○ミステリアスな

「得体が知れない」は、正体や本性がわからないという意味のネガティブな言葉。

おおむね、「英語化（カタカナ語化）」すると、悪意が薄まるので、この語も「ミステリアスな」と英語変換すると、悪口ではなくなります。また、「謎めいた」と表すこともできます。

---

**×遠慮がない**

**↓**

**○物怖じしない**

「遠慮がない」人は、世間の白い目を恐れたりしません。その「勇気」を評価すれば、「物怖じしない」と表せます。たとえば、「遠慮がない態度」は「物怖じするところがない態度」のように。また、「遠慮がない」人が、相手に合わせて態度を変えたりしないところは、「飾らない」と表すこともできます。

## お

**×往生際が悪い**
**○粘り強い** ←

「往生際が悪い」人は、決着がつくまで望みを捨てたりしません。その点に注目すると、「粘り強い」や「根性がある」「最後まであきらめない」などに言い換えられます。

---

**×大食い**
**○健啖家**（けんたんか） ←

「大食い」というと、ガツガツ食べる人という意味合いを含みますが、「健啖家」に言い換えると、うらやましいほどの元気な食べっぷりというイメージになります。

なお、健啖家の「啖」という漢字は、「啖らう」で「くらう」と読みます。

---

×大声　←

○張りのある声

「大声」は、ただうるさいだけでなく、元気で勢いのある声ともいえます。そうみれば、「張りのある声」や「よく通る声」に言い換えられます。

---

×大雑把　←

○おおらか

「大雑把」は、細かいところまで注意を払っていない「雑さ」を表す言葉。ただ、その「鷹揚」さに目を向ければ、「おおらか」や「大物」と表せます。たとえば、「彼は、大雑把だからねえ」は「彼は、大物だからねえ」といっても、言わんとするところは伝わるものです。

**×横柄**

←

**○メンタルが強い**

「横柄」な人は、見方によっては、堂々として貫禄がある人ともみえます。そこで、「メンタルが強い」のほか、「自分に自信がある」や「媚びを売らない」にも言い換えられます。「愛想が悪い」「態度が悪い」「マナーを心得ていない」などのネガ語も、同様に言い換えられます。

---

**×応用がきかない**

←

**○基本に忠実**

「応用がきかない」のは、基本を大事にしすぎているからかもしれません。その点をポジティブにみれば、「基本に忠実」や「基本を大事にする」と言い換えられます。
また、「応用がきかない」というニュアンスは、単に「真面目」と形容しても、伝えられる場合があります。

---

**×臆病な判断**
**←**
**○思慮深い判断**

「臆病」という言葉を使うと、相手のプライドを傷つけてしまいます。物事におびえるのは、状況をよく見て、いろいろなことを想像するからでしょう。そうした点は、「繊細」のほか、「思慮深い」や「考え深い」に言い換えられます。たとえば、「臆病な判断」は「思慮深い判断」というように。

---

**×押しが強い**
**←**
**○頼もしい**

「押しが強い」人は、普通の人がいえないようなことでも、平気で口にします。その「度胸」を評価すれば、「頼もしい」や「頼りになる」と言い換えることもできます。

---

### ×押しつけがましい
←
### ○面倒見がいい

何かと「押しつけがましい」人は、人の世話をよく焼く人ともいえます。そこをポジティブにみれば、「面倒見がいい」や「世話好き」と表せます。「おせっかい」「でしゃばり」「口うるさい」などのネガ語も、同様に言い換えられます。

---

### ×おしゃべり
←
### ○誰とでも仲良く話せる

「おしゃべり」な人は、いろいろな人と親しく話すものです。その点に目を向けると、「誰とでも仲良く話せる」や「話上手」「話題が豊富」などに言い換えられます。「気さく」という形容が似合う人もいるものです。

**×落ち込む**

←

**○自分を見つめ直す**

「落ち込む」というと、いつも元気がなく、意気消沈しているようですが、その「よく反省する」点をポジティブにみれば、「自分を見つめ直す」のほか、「深く自省する」「内省する」などと表現できます。たとえば、「落ち込みやすい人」は「よく内省する人」というように。

**×落ち着きがない**

←

**○アクティブ**

「落ち着きがない」ことをポジティブにみれば、体や心がよく動くということ。その点をカタカナ語で「アクティブ」と表すと、長所にも聞こえます。ほかにも、「行動力がある」「活発」「活動的」「フットワークが軽い」「イキイキとしている」などと表せます。

×お調子者

←

○場の雰囲気を明るくする

「お調子者」と呼ばれる人は、ノリがよく、その場の雰囲気を盛り上げる力を持っているもの。そこで、「場の雰囲気を明るくする」や「ムードメーカー」に言い換えることができます。また、「宴会部長」や「お笑い担当」という言葉がぴったりの人もいるものです。

×おっちょこちょい

←

○憎めない人

「おっちょこちょい」な人は、多少、はた迷惑なところがあっても、愛嬌があり嫌われたりはしないもの。そこに目を向ければ、「憎めない」や「お茶目」に言い換えられます。

**×お転婆**　←　**○元気発剌**（はつらつ）

「お転婆」は、活発に行動する若い女性を指す言葉。「恥じらいもなく」というニュアンスを含むので、「とんでもないお転婆で」などと自分の娘には使えても、人の娘さんに対して使うと失礼になります。自分の娘以外を評するときは、その「活発さ」に目を向け「元気発剌」「活発」「明朗」と表すといいでしょう。

**×大人げない**　←　**○子供の心を忘れない**

「大人げない」は、大人らしい思慮を欠いたさまを表す言葉。ただ、その振る舞いを好意的にとらえれば、「子供の心を忘れない」「童心を忘れない」「少年のよう」

などと言い換えられます。

---

×おとなしい

←

○慎ましい

「おとなしい」というと、消極的、引っ込み思案というネガティブなニュアンスを含みます。それを消すのが、語彙力の見せどころ。「控えめ」「慎ましい」「遠慮深い」「謙虚な」「奥ゆかしい」「穏やか」「静かな」「温厚な」「紳士的」など、さまざまなポジティブな言葉（以下、「ポジ語」とも）を頭に入れておきましょう。

---

×劣る

←

○可能性を秘めた

人に対して「劣る」というのは、身も蓋（ふた）もない形容です。今、劣っている人は、その分、伸びしろが大きい人とみることもできます。そう考えれば、「(大きな）可能性を秘めた」や「将来が楽しみ」などと表せます。

×おバカキャラ
←
○人から愛される性格

「おバカキャラ」というと、単に「阿呆」や「バカ」というよりはマシなものの、「バカ」という言葉を含む以上、ネガティブな表現であることは否めません。そこで、「人から愛される」と表すと、その性格のよさや、明るさをポジティブに表せます。「慕われる性格」や「親しみやすい性格」も同様に使える言い換え。

×おばさんっぽい
←
○大人の女性らしい

「おばさんっぽい」は、「ダサい」という意味を含む表現。それを「大人の女性らしい」に言い換えると、相手の耳に届いても、憤慨されることはないでしょう。たとえば、「おばさんっぽいファッション」は「大人の女性らしいファッション」、「おばさんっぽい言い方」は「大人の女性らしい言い方」というように。

---

**×OB**

**←**

**○お歴歴**

「お歴歴」の本来の意味は、身分や家柄の高い人々。「OB」や「先輩」をこの語に置き換えると、敬意を含む表現にできます。「お歴歴が居並ぶ会合」「お歴歴がお揃いのところ」のように。

---

**×お人好し**

**←**

**○善良**

「お人好し」な人は、何事も善意にとらえるため、人にだまされたりします。ただ、そのキャラクターを肯定的にみれば、「善良」や「正直」と表せます。たとえば、

「生まれつきのお人好しですから」は、「生来、善良な人ですから」というように。

**×おべっかを使う**
**←**
**○人の長所をよく見ている**

「おべっかを使う」というと、悪口になりますが、その「ほめ上手」ぶりをポジティブにとらえれば、○のほか、「人のよさを発見できる」と言い換えることができます。

**×思い込みが激しい**
**←**
**○信念がある**

「思い込みが激しい」人は、自分の考えに強いこだわりをもっています。そうした様子は「信念がある」と形容できます。たとえば、「とにかく思い込みが激しい人」は「揺るぎない信念の持ち主」というように。

**×面白みがない**

**○外連味（けれんみ）がない** ←

「面白みがない」のは、はったりやごまかしがないからともいえます。その点に着目すれば、「外連味がない」と言い換えられます。「外連味」は、俗受けを狙ったいやらしさのこと。また、「面白みがない」は、単に「真面目」と形容できることもあります。たとえば、「面白みがない作品」は「真面目な作品」と言い換えられます。

**×親馬鹿**

**○子煩悩（ぼんのう）** ←

人に対して、「馬鹿」は避けたい言葉。「親馬鹿」な人は、子供に対する愛情に溢れています。その点をポジティブにみれば、「子煩悩」と表すことができます。

×親子喧嘩 ← ○親子漫才

世の中には、「親子喧嘩」が一種のコミュニケーション法になっている家族もいるもの。そうした親子喧嘩の微笑ましさに目を向けると、「親子漫才」と表すこともできます。

×音痴 ← ○味がある

「音痴」は、その〝症状〟によって、さまざまに表現できます。たとえば、音程は不安定なものの、声が大きかったり、声に特徴のある人は、「声量がある」や「声がいい」に言い換えられます。また、「味がある」は、どんな〝症状〟に対しても使える言葉です。

## 言い換えマスターへの道〈あ行〉

〈あ行〉のいろいろな「ネガ語」です。失礼にならないよう、角を立てないよう、ポジティブに言い換えられますか。

×飽き足りない→○やりすぎていない
×あきらめている→○達観している
×開けっぴろげ→○開放的／オープン
×いかがわしい→○疑わしい
×いじられキャラ→○放っておけないキャラクター／愛されるタイプ
×忙しい→○毎日が充実している／ひっぱりだこ
×依存心が強い→○周りを信頼している
×いたずら好き→○人を楽しませたい性格／ユーモアがある
×一貫性がない→○状況に合わせるのが巧み／臨機応変

×印象が薄い→○周囲に溶け込んでいる／出しゃばらない／控えめな

×浮かれやすい→○感情豊か／率直／気持ちに正直

×（感情の）浮き沈みが激しい→○感性が豊か／自分の気持ちに正直

×嘘をつかれた→○相手の本音を知ることができた

×うまく立ち回る人→○周りがよく見えている人／状況判断が鋭い人

×（商品が）売れない→○改善のチャンス

×運が悪い→○逆境に強い／運に頼らない

×えらそう→○風格がある／オーラを感じる

×お門違い→○見当違い／専門外

×お金がない→○やりくり上手

×お高く止まる→○上品／気品がある

×オーバーリアクション→○話しがいがある／見ている人を楽しませてくれる

# 2

# か行

## ——不用意なひと言が人間関係を破壊する

## か

**×甲斐性がない**
**←**
**○あくせくしない**

「甲斐性がない」人は、物事を最後までやりとげようとする根性や気力がありません。ただし、そうしたのんびりした性格をポジティブにとらえれば、「あくせくしない」と表現できます。また、そういう人は、「穏やか」で「平和」で「敵をつくらない」とも形容できる人でしょう。

---

**×我が強い**
**←**
**○信念を持っている**

「我が強い」のは、「信念を持っている」からこそでしょう。ほかに、「芯が強い」

「一本筋が通っている」「自分を持っている」とも表せます。たとえば、「我が強い人」は「一本筋が通っている人」のように。

---

**×影が薄い**

↓

**○落ちついている**

「影が薄い」ことは、いろいろな「ポジ語」に言い換えることができます。「落ちついている」「物静か」「謙虚」「控えめ」などです。「悪目立ちしない」という言い方もあります。

---

**×がさつ**

↓

**○細かいことを気にしない**

「がさつ」な人は、もともと「細かいことを気にしない」性格の人でしょう。その点に目を向ければ、○のほか、「おおらか」や「親しみやすい」と表すこともできます。「がさつなところがありましてね」は「何事もおおらかな人でしてね」というように。

---

**×貸した金**
　　↓
**○立て替えたお金**

人に貸したお金のことを「貸した金」というのは、直接的すぎる表現。たとえば、催促するとき、「貸した金を返して」というと、相手に恥をかかせることになりかねません。相手との今後の関係を大事に思っているなら、「立て替えたお金」と婉曲に表すのが、大人の物言い。

---

**×片意地な**
　　↓
**○筋を通す**

「片意地な」人が自分の考えに固執するところをポジティブにみれば、「筋を通す」

と言い換えられます。

---

**×堅苦しい**

←

**○折り目正しい**

「堅苦しい」人は、よくいえば、礼儀正しく、きちんとしている人でしょう。そうみれば、「折り目正しい」や「礼儀を重んじる」「誠実」「生真面目」などと形容できます。

---

**×堅物**

←

**○謹厳実直**

「堅物」と呼ばれる人は、言い換えれば「実直」で「律儀」な人でしょう。四字熟語では「謹厳実直」と表せます。「融通がきかない」や「くそ真面目」などのネガ語も、同様に言い換えることができます。

×がつがつしている
←
○食べっぷりがいい
「がつがつしている」は、むさぼり食うさまを形容するネガティブな言葉。ただ、その勢いのいい食べっぷりを元気のあらわれととらえれば、「食べっぷりがいい」や「豪快な食べっぷり」「健啖家」などと表現できます。「見とれるほどの豪快な食べっぷりですね」など。

×勝手
←
○自発的
「勝手」は、自分に都合よく振る舞うさまを意味するネガ語。ただ、その「自主的」な面に目を向ければ、「自発的」や「自由な」「人目を気にしない」などと言い換えられます。

×可能性はひじょうに低い

←

○可能性はゼロではない

仕事の成否などに関して、「(成功の)可能性はひじょうに低い」というと、士気が下がりかねません。前向きな変換については、付章で紹介しますが「可能性はゼロではない」といったほうが、ポジティブな気持ちになれるはず。「希望の光は残っている」という言い方もあります。

×かわいこぶる

←

○自分の可愛いところがよくわかっている

「かわいこぶる」というと、ネガティブに聞こえますが、そのように振る舞えるのも、自分の長所をよく知り、また、うまく演出しているからこそでしょう。そうみれば、「自分の可愛いところがよくわかっている」と表せます。

×変わった味
↓
○通の味

「まずい」というよりはマシなものの、「変わった味」といっても、ネガティブな意味合いは消せません。「通の味」や「好きな人にはたまらない味」と表現すると、その味の奥深さを認めるものの、自分の口には合わないことを、婉曲に表現できます。

×変わった人
↓
○面白い人

たとえば、相手が「うちの○○、変わっているでしょ?」などと言いだしたときには、「確かに変わってますすね」などと受けるのはNG。「なかなか面白い方ですね」と受けておくのが無難です。

×変わっている
←
○ユニーク

「変わっている」というと、常識や規範からはずれているというネガティブなニュアンスが生じます。しかし、世間の常識やしがらみにとらわれない点をポジティブにみれば、「ユニーク」や「異彩を放っている」と表現できます。たとえば、「変わっている人」は「異彩を放つ人物」というように。

×変わり身が早い
←
○状況判断が早い

「変わり身が早い」というと、計算高く、人を裏切ることもあるというイメージが生じます。そういう人の環境変化への〝対応力の高さ〟に着目すれば、「状況判断が早い」や「頭の回転が速い」と表せます。「状況判断の早さが、彼の身上です」

のように。

**×変わり者**
**←**
**○変わり種**

「変わり者」は、性格や行動が変わっている人のこと。一方、「変わり種」というと、経歴や職業が変わっている人という意味になり、ネガティブな意味合いは薄まります。たとえば、「親戚の中の変わり者です」は「親戚の中の変わり種です」に言い換えると、否定的なニュアンスを消せます。

**×考えが足りない**
**←**
**○答えを出すのが早い**

「考えが足りない」ということは、じっくり考えない分、結論を出すまでに時間はかからないはず。そこをポジティブにみることができれば、「答えを出すのが早い」

や「思い切りがいい」「決断力がある」「スピーディ」「アクティブ」などに言い換えられます。

---

**×頑固**

←

**○意志が固い**

「頑固」な人は、自分を曲げません。その点に着目すれば、いろいろな「ポジ語」に言い換えられます。「信念がある」「気骨がある」「骨っぽい」「硬骨」「流されない」「迎合しない」「信じた道を進む」という具合です。

---

**×癇癪(かんしゃく)持ち**

←

**○感情豊か**

「癇癪持ち」は、ちょっとしたことでも怒り出す人という意味のネガティブな言葉。しかし、そういう人の直情的なところをポジティブにみれば、「情熱的」のほか、

「一途」や「感情豊か」と表すこともできます。

**×勘定高い**
**←**
**○金銭感覚が優(すぐ)れている**

「勘定高い」というと悪口になりますが、「金銭感覚が優れている」といえば、その「細かさ」をポジティブに表せます。「経済観念が発達している」や「しっかりしている」とも言い換えられます。

**×感情の起伏が激しい**
**←**
**○自分の気持ちに正直**

「感情の起伏が激しい」人は、気持ちを隠さずに、発言・行動する人ともいえます。そうみれば、「自分の気持ちに正直」や「素直」「ストレート」「感情豊か」などと表せます。

×感情表現が苦手

↓

○感情的にならない

一方、「感情表現が苦手」な人は、もともと冷静な性格だからかもしれません。その点に目を向ければ、「感情的にならない」や「感情を表に出さない」のほか、「調子に乗らない」や「控えめ」と表すこともできます。

## き

**×聞き分けがない**
**←**
**○周囲に流されない**

「聞き分けがない」人は、たとえ目上の人の話を聞いても、素直に納得したりはしません。その頑固さをポジティブにとらえれば、「周囲に流されない」のほか、「確固たる自分を持っている」「人の意見に左右されない」などと表現できます。

**×気障（きざ）**
**←**
**○垢抜けた**

「気障」というと、ネガティブなニュアンスを含みますが、「垢抜けた」や「洗練された」といえば、相手が身にまとう雰囲気をポジティブに表せます。たとえば、「気障な振る舞い」は「洗練された振る舞い」のように。また、カタカナ語を使って「スマート」や「ソフィスティケート」に言い換えることもできます。

**×傷つきやすい**

↓

**○純真**

ちょっとしたことで傷つくのは、純真だからこそ。そう考えれば、「ピュア」や「汚れていない」と表すこともできます。「繊細」「やさしい」「感受性が強い」と形容できるタイプもいるものです。

**×機転がきかない**

↓

**○おっとりしている**

「機転がきかない」人は、周囲の変化に対して、敏感には反応しないわけですが、その様子は、見方を変えれば、「おっとりしている」と表すこともできます。「マイペース」や「天然」という形容が似合う人もいるでしょう。

**×喜怒哀楽が激しい**

**←**

**○自分の気持ちに正直**

「喜怒哀楽が激しい」人は、自分の気持ちを率直に表す人といえます。そうみれば、「自分の気持ちに正直」や「感情表現が豊か」「生き生きとした感情を備えている」などと表せます。

**×気取り屋**

**←**

**○スタイリッシュな人**

「気取り屋」は気取っている人のことですが、その「しゃれ者」である点をポジティブにとらえれば、「スタイリッシュな人」のほか、「おしゃれな人」とも表現できます。

×気にしすぎる

○注意深い ←

「気にしすぎる」人は、周囲や物事に対する観察力が高く、よく目配りしている人でしょう。その点を肯定的にみれば、「注意深い」や「よく気配りする」に言い換えられます。たとえば、「気にしすぎるところがあってね」は、「よく気配りする人でね」という具合に。

×奇抜

○個性的 ←

「個性的」や「個性溢れる」は、理解しがたいセンスや感覚を表すときに、幅広く使える言葉。「奇抜なセンス」は「個性的な感覚」というように。

×気分屋
　←
○自分の気持ちに正直

「気分屋」は、気分の変わりやすい人のこと。ただ、そのときどきの場面に合わせて、自由に行動することを前向きにとらえれば、「自分の気持ちに正直」や「自由」と表すことができます。

×決められない
　←
○じっくり考える

「決められない」ということは、時間をかけて慎重に考えるということ。そこを評価すれば、「じっくり考える」と表せます。タイプによっては「人の意見をよく聞く」という形容が似合う人もいるでしょう。「決断力がない」や「優柔不断」などのネガ語も、同様に言い換えられます。

×キモい ← ○個性的

「キモい」は、気持ちが悪い、気色悪いという意味。軽く使われているものの、かなりの悪口であることはいうまでもありません。相手の耳に届いてもいいように、タイプによって、「個性的」「ミステリアス」「存在感がある」に言い換えるといいでしょう。なお、「気色悪い」を略した「キショい」も、同様に言い換えることができます。

×窮屈な ← ○コンパクトな

「コンパクトな」と言い換えると、小型で内容が充実しているというニュアンスになります。ほかに、「こぢんまりした」や「小さくまとまった」とも言い換えられます。「コンパクトで、使い勝手のいい部屋」「こぢんまりした店」など。

×旧態依然
↓
○伝統を重んじる

「旧態依然」としているのは、見方をかえれば、慣習やしきたり、従来の考え方などを重んじているということ。そこにスポットを当て、「伝統を重んじる」や「伝統を大切にしている」などと表すこともできます。たとえば、「旧態依然とした組織」は「伝統を重んじる組織」のように。「代わりばえがしない」も同様に言い換えられます。

×器用
↓
○手慣れた

「器用」という言葉は、「小手先の技にすぐれているだけ」というニュアンスを含み、必ずしもほめ言葉にはなりません。「手慣れた」と言い換えるだけで、ネガティブな意味合いは消え、「熟練している巧みのワザ」という点にスポットを当てることができます。

**×器用貧乏**
**↓**
**○オールラウンドプレーヤー**

「器用貧乏」は、いろいろなことを小器用にこなすものの、突出した能力はないという意味合いの言葉。ただ、いろいろなことに対応できる能力をポジティブにみれば、「オールラウンドプレーヤー」や「多才」「守備範囲が広い」「マルチな能力をもつ」「どんな仕事でもできる人」などと表せます。

**×業界の噂話**
**↓**
**○業界の語り種**

「噂話」というと悪い話も含みますが、「語り種」といえば、おおむね成功譚ということになります。「〇〇さんの活躍ぶりは、業界の語り種です」のように。

**×教科書どおり　←**

**〇オーソドックス**

「教科書どおり」というと、ありきたりで、つまらないというニュアンスを含みます。ただし、それをポジティブにみれば、基本に忠実で、正統的ということであり、「オーソドックス」や「ベーシック」と表すことができます。

**×協調性がない　←**

**〇自主性がある**

「協調性がない」人は、周囲に顧慮することなく、自分の判断で行動します。そうしたキャラクターは、肯定的にみることもできるでしょう。「自主性がある」のほか、「自らの判断で行動する」や「周囲に流されない」などと表せます。

**×嫌い**

↓

**○好みではない**

「嫌い」は、全否定につながる形容詞。「嫌い」と言いたいときは、「好みではない」や「苦手」「(私には)合わない」などの婉曲表現を使うのが、大人の物言いです。「この味、嫌いです」は「この味、私には合わないようです」のように。こういえば、相手にさほどの不快感を与えません。

---

**×キレやすい**

↓

**○情熱的**

「キレやすい(すぐに怒る)」のは、自らの感情を率直に表すからでしょう。そうみれば、「情熱的」のほか、「感受性豊か」と表すこともできます。

×緊張感がない
　←
○肩の力が抜けている

「緊張感がない」ことをポジティブにみれば、「リラックスしている」ということ。ほかに、「肩の力が抜けている」や「力むところがない」、「変な力が入っていない」などと表せます。

---

×緊張している
　←
○いい意味で緊張感がある

「緊張している」というのは、真面目で、物事に真摯に取り組んでいるからこそでしょう。その点をポジティブにみれば、「いい意味で緊張感がある」という「常套句」で表すこともできます。

**×空気が読めない**

←

**○周囲に流されない**

「空気が読めない」のは、雰囲気や人に影響されないからでしょう。その点に着目すれば、「周囲に流されない」や「自分の判断で動ける」と表すこともできます。たとえば、「空気が読めない人」は「周囲に流されない、自分の世界を持つ人」のように。

---

**×ぐうたら**

←

**○息抜き上手**

「ぐうたら」な人は、何事にも不精で、怠けているわけですが、この何かと多いストレスの時代に、その肩の張らなさかげんは、「息抜き上手」や「自分の身をいたわっている」と表すこともできるでしょう。

**×愚図**
↓
**○ゆったり構えている**

「愚図」な人は、動作や決断が鈍いわけですが、それは、ポジティブにとらえれば、「ゆったり構えている」「じっくり構えている」とみることができます。また、物事に「慎重に取り組む」と表せるタイプもいるでしょう。

**×グズグズしている**
↓
**○納得いくまで時間をかける**

「グズグズしている」人は、その人なりに満足いくまで、手間ひまをかけているのかもしれません。そうみれば、「納得いくまで時間をかける」のほか、「慎重」や

「思慮深い」と表すことができます。

**×くそ真面目**

←

**○真摯**

「くそ」がつく言葉は避けたいものです。「くそ真面目」な人は、きわめて真面目な人でしょう。そこを評価すれば、「真摯」のほか、「一途」「ひたむき」「全力投球」「一生懸命」などと表せます。たとえば、「くそ真面目な仕事ぶり」は「ひたむきな仕事ぶり」というように。

**×くだらない話**

←

**○関心がない話**

何事も「くだらない」と切り捨てては、身も蓋もありません。心底くだらないと思うことでも、「興味がない」や「関心がない」と表せば、好みの問題になるので、角が立ちません。

**×口うるさい**

**←**

**○細かいところまで教えてくれる**

「口うるさい」人は、箸の上げ下ろしにまで、いちいち口をはさんでくるもの。その小言や文句の多さも、前向きにとらえれば、「細かいところまで気がつく」や「細かいところまで教えてくれる」と表せなくもないでしょう。

**×口がうまい**

**←**

**○弁が立つ**

「口がうまい」というと、口先だけでうまく立ち回るという悪口になってしまいます。「弁が立つ」に言い換えれば、「口先だけ」というニュアンスは薄まり、言葉の巧みさに焦点を当てることができます。

×口がうまい

↓

○コミュニケーション能力が高い

「口がうまい」人は、人と会話し、説明・説得する能力が高い人といえます。そうみれば、「コミュニケーション能力が高い」と表せます。また、「立て板に水」という形容が似合うタイプもいるものです。

×口が軽い

↓

○隠し事ができない

「口が軽い」は、おしゃべりで、言ってはいけないことまで言ってしまうさま。ただ、その「正直さ」に目を向ければ、「隠し事ができない」や「ウソをつけない」と表せます。たとえば、「口が軽い人ですから」は「ウソをつけない人ですから」のように。

×口が減らない

←

○頭の回転が速い

「口が減らない」のは、自分の意見を持ち、それを表す言語能力を備えているからこそ。そこに目を向ければ、「頭の回転が速い」や「自分の意見を持っている」「ボキャブラリーが豊富」などと表すことができます。

×口が悪い

←

○率直

「口が悪い」人は、自分の思いを飾ることなく話す人とみることもできます。そうした様子は、「率直」や「ストレート」「正直」とも表せます。たとえば、「口が悪くてね」は「率直に話す人でね」や「ストレートに話す人でね」というように。

×口汚い
←
○言葉を飾らない

「口汚い」人は、言葉づかいが下品なわけですが、その「ストレートな表現力」をポジティブにとらえれば、○のほか、「正直に話す」や「感情をストレートに表現する」などと表すことができます。「言葉が汚い」も、同様に言い換えられます。

×口ごたえが多い
←
○自分の考えを主張できる

「口ごたえが多い」人は、多少叱られても、自説を曲げない人といえます。そうみれば、その性格は○のほかに「意志が強い」や「信念がある」とも表せます。また、叱責に対しても反論できる能力は、「切り返しが早い」や「語彙が豊富」と形容できます。たとえば、「口ごたえが多いんだよ」は「切り返しが早いんだよ」のように。

×口下手

↓

○聞き上手

「口下手」な人が、自分からはあまり話さない様子は「聞き上手」とも形容できます。また、「ひと言ひと言大切に話す」タイプや「言葉に重みがある」タイプもいることでしょう。たとえば、「口下手なんだが、妙に言葉に重みがあってね」というように。

×愚痴が多い

↓

○自分の欠点（失敗）がよくわかっている

「愚痴が多い」のは、自分の欠点や失敗について、よく理解しているからこそ。また、その悔しさを口にするのは「向上心がある」からこそでしょう。そこで、「愚痴の多さ」は「向上心のあらわれ」と表すこともできます。

× （話が）くどい
← ○説明がていねい

話が「くどい」人は、同じ話を長々と細かく繰り返します。しかし、その詳しい説明ぶりなどをポジティブにとらえれば、「説明がていねい」や「粘り強い説得」などと表すことができます。

× （性格が）暗い
← ○もの静かな

性格が「暗い」といわれる人は、おおむね、目立つことなく、しずかに行動し、話す人でしょう。そうした点に焦点を当てれば、「もの静かな」のほか、「おだやか」「落ちついている」「控えめ」「おとなしげ」などと形容できます。たとえば、「暗い人」は「もの静かな人」、「暗い性格」は「控えめな性格」というように。

×玄人　←　○専門家

「玄人」というと、海千山千の油断できない人物というニュアンスを含むことがあります。一方、「専門家」や「スペシャリスト」に言い換えると、そうした意味合いは消えて、相手の高い技量や実力を表すポジティブな表現になります。「さすが、専門家は違いますね」など。

×グロテスク　←　○印象に残る

「グロテスク」なことは、記憶に強く残るもの。その点をポジティブに表せば、「印象に残る」「インパクトがある」「忘れられない」と表せます。たとえば、「グロテスクな絵」は「インパクトがある絵」というように。

**×黒歴史**

←

**○青春の1ページ**

「黒歴史」は、ガンダム作品から広まった言葉で、「過去のみっともない経歴や失敗談」を指す語として使われています。しかし、そうした失敗も、当人にとっては貴重な思い出かもしれません。そうみれば、「青春の1ページ」や「武勇伝」とも表せます。

## け

×計画性がない
↓
○その場で判断する力がある

計画性がなくても、そこそこうまくいっているのであれば、それは臨機応変に対応しているからでしょう。そうみれば、「その場で判断する力がある」や「対応力がある」「応用がきく」などと表せます。

---

×経験が少ない
↓
○新鮮な発想ができる

「経験が少ない」ときは、既成概念にとらわれない新しい発想ができるもの。そうみれば、「新鮮な発想ができる」や「頭がやわらかい」「型にはまっていない」「フレッシュ」などと形容できます。たとえば、「まだ経験が少なくてね」は「まだ頭がやわらかくてね」のように。

×計算高い ← ○頭が切れる

「計算高い」は、「ずる賢い」というニュアンスを含むので、人に対して使うのは避けたいもの。「計算高い」人の思考力や判断力に注目すれば、「頭が切れる」や「頭の回転が速い」に言い換えられます。

×軽率 ← ○腰が軽い

「軽率」な人は、物事を深く考えず、軽々しく行動に移します。その〝行動的〟な面に目を向ければ、「腰が軽い」とも表せます。

**×軽薄**
←
**○気楽に考えられる**

「軽薄」な人は、よくいえば、何事に対しても、深刻にならない人。そうみれば、「軽薄」は「気楽に考えられる」と言い換えられます。また、そのノリのよさに目を向けて、「気さく」「剽軽（ひょうきん）」「明るい」とも形容できます。たとえば、「軽薄な若者」は「明るい青年」というように。

**×けじめがない**
←
**○自由**

「けじめがない」人は、慣習や規範、道徳などにこだわりません。そうした生き方は「自由」とも形容できるでしょう。「けじめがない人」は「何事にも自由な人」というように。

×ケチ

←

〇節約家

「ケチ」な人は、ムダづかいをしないわけで、その点をポジティブにみれば、「節約家」や「やりくり上手」「金銭感覚にすぐれている」などと表せます。「締まり屋」や「吝嗇家（りんしょくか）」も同様に言い換えられます。たとえば、「とにかくケチでね」は「コツコツ節約する人でね」のように。

×結果を出せない

←

〇コツコツ努力している

努力はしているものの、結果に結びつかない――そんな「結果を出せない」人がいるもの。そんな人は、その仕事ぶりに目を向けると、「コツコツ努力している」や「努力家」「頑張り屋」などと表せます。「才能がない」や「向かない」も、同様に言い換えられます。

**×決断が遅い**
**←**
**○じっくり考える**

「決断が遅い」人は、よくいえば、じっくり考え、軽々しくは行動しない人。その点に目を向ければ、「じっくり考える」や「熟考派」「慎重派」などと表せます。たとえば、「うちの部長は決断が遅くてね」は「うちの部長はじっくり考えるので」というように。

**×けばい**
**←**
**○華がある**

「けばい」は、はっきりした悪口。「派手な」と言い換えても、ネガティブなニュアンスを含みます。そこで、「華がある」や「ゴージャス」と形容すれば、その艶（あで）やかさに焦点を絞ることができます。たとえば、「けばい服装」は「ゴージャスな服装」というように。

**×喧嘩腰**
**↓**
**○挑戦的**

「喧嘩腰」な人は、すぐにもけんかを仕掛けそうな態度で人に接します。その態度は「挑戦的」や「情熱的」と表すこともできるでしょう。たとえば、「喧嘩腰のもの言い」は「挑戦的なもの言い」というように。

**×元気がない**
**↓**
**○もの静かな**

「元気がない」人は、行動や言葉づかいなどが静かなはず。その点に着目すれば、「もの静かな」や「穏やか」「落ちついている」と表せます。たとえば、「元気がな

1 あ行
2 か行
3 さ行
4 た・な行
5 は行
6 ま・や・ら・わ行

い人でね」は「もの静かな人でね」のように。

## ×現実を見ていない
←
## ○理想が高い

ノルマの達成すらおぼつかないのに、「目標、全国売り上げナンバー1!」などという人がいたら、「現実を見ていない」と言いたくもなるでしょう。ただ、「現実を見ていない」ようにみえるのは、「理想が高い」からかもしれません。そうしたキャラは、「理想家」や「目標が高い」と表すこともできます。「地に足がついていない」も、同様に言い換えられます。

## こ

**×強引**

←

**○リーダーシップがある**

物事を「強引」にすすめる人は、見方を変えれば、人を引っ張る力があるということ。その点に目を向けると、「リーダーシップがある」や「周囲を巻き込む力がある」「統率力に秀でている」とも表せます。

---

**×厚顔無恥**

←

**○メンタルが強い**

「厚顔無恥」とは、恥知らずで図々しいさま。そんな真似をするには、相当な心臓の強さが必要です。そうみれば、「メンタルが強い」のほか、「気後（おく）れしない」や

「心のままに行動する」と表すこともできます。たとえば、「とにかく厚顔無恥な人で」は、「とにかくメンタルが強くて」というように。

**×強情**

**←**

**○軸がぶれない**

「強情」な人は、意地を張り、自分の考えをなかなか変えることができません。その「意志の強さ」をポジティブにとらえれば、「軸がぶれない」や「固い信念がある」と表現できます。たとえば、「強情を押し通す」は「信念を押し通す」というように。

**×行動力がない**

**←**

**○じっくり考える**

「行動力がない」人は、時間をかけて考える人かもしれません。そうみれば、「じっくり考える」や「思慮深い」「計画性がある」「頭脳派」などと形容できます。たとえば、「行動力がない人」は「じっくり考える頭脳派」というように。

**×興奮しやすい**
←
**○エネルギッシュ**

「興奮しやすい」のは、エネルギーに溢れているからでしょう。そうみれば、「エネルギッシュ」や「パワフル」「バイタリティ溢れる」「血気盛ん」「熱血漢」などと形容できます。

**×高慢**
←
**○自信を持っている**

「高慢」な人は、自分に対する評価が高く、人を見下します。ただ、自らに「自信を持っている」点を評価すれば、「自信満々」や「自分を疑わない」「自分を信じている」などと表現できます。たとえば、「高慢な態度」は「自信満々な態度」というように。

**×腰が重い**
**←**
**○思慮深い**

何事にも「腰が重い」のは、じっくり考えているからかもしれません。そうみると、「思慮深い」のほか、「慎重に考える」や「短慮を嫌う」などと表せます。たとえば、「腰が重くてね」は「慎重に考えるところがあってね」のように。

**×腰が弱い**
**←**
**○争いごとを好まない**

「腰が弱い」は、弱気で、粘りがないさまを形容する言葉。ただ、争いごとが苦手な点を「争いごとを好まない」ととらえれば、「穏やか」「温厚」「平和的」、あるいは「人に勝ちを譲る」と表すことができます。

---

**×腰巾着**

**←**

**○忠誠心の厚い人**

「腰巾着」と呼ばれるような人は、えらい人に付き従って、いつもそのご機嫌をとっています。そうした姿勢は、よくみれば、「忠誠心が厚い」といえなくもありません。また、「忠実なタイプ」や「目上をよく尊敬する」と表すこともできるでしょう。

---

**×ご都合主義**

**←**

**○君子豹変**

「ご都合主義」な人は、その場の成り行きで、どうにでも態度を変えるもの。その変わり身の早さに目を向ければ、「臨機応変」のほか、「機敏に対応する」や「君子豹変」と表すことができます。

×子供っぽい
←
○童心を忘れていない

「子供っぽい」ことを肯定的にみれば、純真な心を忘れず、素直で明るいということでしょう。そうみれば、「童心を忘れていない」のほか、「少年のような」「無邪気」「愛嬌がある」「可愛げがある」などと表せます。

×細かい
←
○几帳面

「細かい」というと、口うるさく指摘するような、マイナスイメージを含みますが、「几帳面」といえば、その緻密さをポジティブに表せます。たとえば、「細かい性格」は「几帳面な性格」のように。

×孤立 ← ○孤高

「孤立」は、他者とのつながりがない（薄い）ことを表す言葉です。一方、「孤高」といえば、孤立してはいても、自らの志を守るためというポジティブな意味合いになります。また、「独り立ちしている」や「迎合しない」に言い換えることもできます。

×懲りない ← ○過去を振り返らない

過去の失敗に、あまり「懲りていない」ようにみえるのは、その人が「過去を振り返らない」からでしょう。その意味では、「懲りない」ところは「前向き」と表すこともできます。

×怖いもの知らず

○物怖じしない　←

「怖いもの知らず」というと、恐れないことに加えて、「無鉄砲」「無知」というネガティブな意味が生じます。「物怖じしない」に言い換えれば、そうしたネガティブな意味合いを消すことができます。

×怖がり

○慎重　←

「怖がり」な人は、わずかなことにも、不安になります。その点を長所としてとらえれば、「慎重」のほか、「注意深い」「周りをよく見ている」「変化に敏感」「想像力が豊か」などと表現できます。

×混んでいる

↓

○人気がある

店舗、飲食店、遊園地、競技場、美術館など、人の集まる場所が「混んでいる」のは、そこにお客が押し寄せるからこそ。その点に目を向ければ、「人気がある」と表せます。たとえば、「年中、混んでいる店」は「変わらぬ人気を保っている店」というように。

## 言い換えマスターへの道〈か行〉

〈か行〉のいろいろな「ネガ語」です。失礼にならないよう、角を立てないよう、ポジティブに言い換えられますか。

×勝ち目がない人↓○ダークホース
×可愛げがない↓○大人っぽい
×代わりばえがしない↓○安定している
×変わった考え↓○斬新な発想／新しい考え
×考え方が偏っている↓○自分の世界観を持っている
×考えすぎ↓○よく考えている
×感じが悪い↓○独特の雰囲気／個性的な雰囲気
×感じない↓○動じない
×感情を表に出さない↓○冷静／落ちついている

×気が多い↓○好奇心旺盛
×気が利かない↓○愚直
×気が散りやすい↓○気持ちの切り替えが早い
×気が弱い↓○やさしい／相手の気持ちを考える
×共同作業が苦手↓○一人の作業が得意
×気をつかいすぎる↓○心配りができる
×計画倒れ↓○次につながる
×ケチをつける↓○冷静に分析している
×現実逃避↓○気分転換が上手／息抜きがうまい
×現実べったり↓○現実派／地に足がついている
×後悔ばかりしている↓○常に理想を追い求めている
×攻撃的↓○正義感が強い
×向上心がない↓○現状維持につとめている
×腰抜け↓○君子、危うきに近寄らず

# 3

# さ行

——そのちょっとしたひと言があぶない

## さ

**×先が読める**（作品）

←

**○流れがわかりやすい**（作品）

小説や映画などで、「先が読める」のは、ストーリー展開が明快で、筋をつかみやすいからでしょう。その点に目を向ければ、「流れがわかりやすい」と形容することができます。小説の場合は、「リーダブル（読みやすい）な作品」とも表せます。

---

**×挫折する**

←

**○成長の機会を得る**

「挫折する」というと、途中で失敗し、ダメになるという否定的な意味ですが、「失敗は成功の母」というように、「挫折」からは教訓を得られるはず。と、とらえれば、

「成長の機会を得る」や「検討材料を得る」、あるいは「貴重な経験」などと表せます。たとえば、「手痛い挫折」は、「成長の機会となる貴重な経験」というように。

---

**×左遷**

**○異動**

「左遷」は、昔の中国で、「右」に比べて「左」を低くみたことから生まれた言葉。人に対して使うのは失礼なので、「転勤」や「(人事)異動」「配置転換」などニュートラルな言葉を使ったほうがいいでしょう。「左遷されたそうです」を「異動があったようです」のようにいっても、言わんとするところは伝わるものです。

---

**×さぼる**

←

**○抜け出すのが上手**

「さぼりたがる」人は、趣味などにつかう「自分の時間を大切にする」人といえなくもありません。また、「抜け出すのが上手」という婉曲表現もできます。

**×猿も木から落ちる**

**←**

**○弘法も筆の誤り**

「猿も木から落ちる」ということわざは、相手を「猿」にたとえるのが失礼。それなら、相手を弘法大師にたとえる「弘法も筆の誤り」を使ったほうがいいでしょう。

**×騒がしい店**

**←**

**○活気がある店**

「騒がしい」ことをポジティブにみれば、元気で陽気な様子ともいえます。そうみると、「にぎやか」や「元気な」「盛んな」「活発な」「活気がある」などと表せます。たとえば、「騒がしい人」は「元気な人」、「騒がしい店」は「活気がある店」というように。

# し

## ×字が汚い
←
## ○味のある字を書く

汚い字は、見ようによって、個性に溢れた面白みのある字といえなくもありません。そうみれば、「字が汚いですね」は「味のある字を書きますね」と表したほうがまだポジティブです。

---

## ×しけた
←
## ○お手頃な

「しけた」は、ケチくさいという意味のネガ語。モノに関して使う場合は、「お手頃な」「お値打ちの」「リーズナブル」と表せば、マイナスイメージを伴うことなく、お得感を表せます。

**×自己主張が強い**
**←**
**○自分の意見を持っている**

「自己主張が強い」人は、その人なりの見解を持っているもの。そうみれば、「自分の意見を持っている」と表せます。

**×自己中心的な人**
**←**
**○自分の世界を持っている人**

「自己中心的」な人は、文字どおり、自分中心に生きています。その点をポジティブにみれば、「マイペース」や「自分の世界を持っている」「周囲の目を気にしない」「メンタルが強い」などと表せます。

×仕事が遅い人
←
○仕事が丁寧な人

「仕事が遅い」のは、慎重に仕事をしているからかもしれません。そう考えれば、「仕事が丁寧」のほか、「丹念な仕事をする」「手間を惜しまない」「じっくり取り組む」「全力投球」などと表せます。

×仕事が雑な人
←
○仕事が早い人

「(仕事が)雑な人」は、その分、仕事にだらだらと時間をかけないはず。その点をポジティブにみれば、「仕事が早い」や「スピーディ」「思い切りがいい」などと表せます。「おおざっぱ」「いいかげん」「ずさん」などのネガティブな表現も、同様に言い換えることができます。

### ×仕事は二の次の人
↓
### ○家族思いの人

職場の同僚に「仕事は二の次の人」というレッテルを貼るのはあまりに直接的です。彼らのなかには、家族と過ごす時間を大切にしている人が多いことでしょう。そうみれば、「家族思い」とも表せます。たとえば、「仕事は二の次の人ですから」は「家族思いの方ですから」というように。

### ×自信過剰な人
↓
### ○自信に溢れている人

「自信過剰」といえば悪口ですが、「自信に溢れている」といえば、ほめ言葉になります。また、「前向き」や「積極的」「ポジティブ」と言い換えることもできます。「リーダーシップがある」と形容できるタイプもいるものです。

×失業中 ← ○充電中

「失業中」の人には、空いた時間を利用して、エネルギーを蓄えている人もいることでしょう。そうみれば、「充電中」と表せます。また、「失業する」こと自体は、「新しいスタートを切る」と言い換えられます。

×知ったかぶり ← ○知識欲のあらわれ

「知ったかぶり」は、本当は知らないのに、知っているふりをするさま。そのように振る舞う動機は、知っておきたいという「知識欲」にあるとみていいでしょう。そうとらえれば、「知識欲のあらわれ」や「博識への憧れが強い」と表すこともできます。

×舌ったらず
↓
○愛嬌のある話し方

「舌ったらず」というと、物言いがはっきりしない幼稚な話し方という意味ですが、そうした話し方には愛嬌を感じさせる場合もあるものです。その点に目を向ければ、「愛嬌のある話し方」や「可愛い話しぶり」「憎めない物言い」などと表すこともできます。

---

×しつこい人
↓
○粘り強い人

「しつこい」は、「粘り強い」のほか、「根気強い」や「あきらめない」「思い入れが強い」などに言い換えられます。たとえば、「とにかく、しつこい人ですから」は「粘り強いのが彼の身上ですから」というように。

---

×嫉妬

↓

○向上心のあらわれ

自分よりすぐれた人に「嫉妬」するのは、「向上心」があるからこそといえます。

×じっとしていられない人

↓

○活動的な人

「じっとしていられない」人は、いろいろなことに興味があり、エネルギーに溢れている人。そうみれば、「活動的」や「やりたいことが多い」などと形容できます。

×失礼な人

↓

○物怖じしない人

「失礼」にみえるのは、目上の人の前でも、恐れるところがないからでしょう。その点に着目すれば、「物怖じしない人」と表すこともできます。

**×失敗**

**←**

**○行き違い**

「失敗」は、意思の疎通がうまくいかないときに起きやすいもの。そうみれば、「行き違い」や「アクシデント」と表せます。「多少の行き違いがあったようです」のように。

**×失敗した**

**←**

**○いい経験になった**

「失敗は成功の母」という言葉もあるように、「失敗」は「いい経験」や「いい勉強」「いい教訓」「成長材料」「研究材料」などと表すこともできます。たとえば、「今回の一件は、いい経験になりました」「今回は、つくづくいい勉強になりましたよ」

のように。

**×自分勝手**

**←**

**○自分の気持ちに正直**

「自分勝手」な人は、自分の考えや感覚にもとづいて行動します。その点は、「自分の気持ちに正直」や「周囲に流されない」とも表せます。

**×自分の頭で考えない人**

**←**

**○人の意見をよく聞く人**

「自分の頭で考えない」人は、その分、人の話によく耳を傾ける人といえるでしょう。たとえば、「自分の頭で考えない人ですから」は、「人の意見をよく聞く人ですから」と婉曲に表現しても、その意味は伝わる人には伝わるものです。

## ×しまりがない性格

## ←

## ○おおらかな性格

「しまりがない人」は、せこせこはしていません。その点に着目すれば、「おおらか」や「鷹揚」と表せます。この「おおらか」と「鷹揚」は、ルーズな性格の言い換え用に便利な言葉で、「いいかげん」「ずぼら」「自分に甘い」「不真面目」「無責任」などの言い換えに使えます。

## ×自慢話

## ←

## ○武勇伝

「自慢話」というと、自己宣伝するというマイナスイメージを伴いますが、「武勇伝」に言い換えると、そうしたニュアンスは消えます。たとえば、「自慢話を聞かせてください」というと、相手をムッとさせるかもしれませんが、「武勇伝を聞かせてください」とは頼むことができます。

×地味

○素朴な　←

「地味」の言い換えは、語彙力の見せどころ。「素朴」のほか、「シンプル」「シック」「渋い」「落ちついた」「控えめ」「玄人好み」など、さまざまに表せます。たとえば、「地味なデザイン」は「落ちついたデザイン」、「地味な芸」は「玄人好みの芸」というように。

×視野が狭い

○目の前のことに集中している　←

「視野が狭い」人は、その分、目の前のことに一生懸命に取り組む人ともいえるでしょう。そうみれば、「目の前のことに集中している」や「一つのことに集中している」「自分の仕事に徹している」などと表せます。「近視眼的」も同様に言い換えられます。

×杓子定規　←　○真面目さのあらわれ

「杓子定規」な人は、規則やルールを大事にするわけで、その点を肯定的にみれば、「生真面目」や「几帳面」「誠実さが表に出ている」「ルールに則った」などと形容することができます。たとえば、「杓子定規な対応」は「ルールに則った対応」というように。

×周囲から浮いている　←　○物事に動じない

周囲から浮いていても平気ということは、「物事に動じない」人物であるということ。そういうキャラクターは、「大物」や「オンリーワン」「オーラがある」とも表すことができます。

**×秀才**
↓
**○英才**

「彼は秀才だから」というと、勉強はできるものの、仕事や実生活の役に立たない非力なインテリというニュアンスが生じてしまうこともあります。一方、「英才」に言い換えておけば、そうした意味合いは消え、純粋に頭のよさをほめることができます。

**×集中力がない**
↓
**○周囲に目を配っている**

「集中力がない」人が気が散りやすいのは、「周囲に目を配っている」からといえるでしょう。そうした人は、「ささいな変化を見逃さない人」や「気配りできる人」

とも形容できます。

**×執念深い　←**
**○簡単にあきらめない**

「執念深い」は、しつこく思い込み、忘れないさま。そうしたキャラクターは、「簡単にあきらめない」や「へこたれない」と表せます。「執念深い性格」は「へこたれない性格」というように。

**×執念深い　←**
**○根性がある**

「執念深い」人は、簡単に挫けたりはしません。その点に注目すれば、「根性がある」や「簡単にはあきらめない」と表せます。たとえば、「執念深い性格」は「簡単にはあきらめない性格」というように。

×趣味がない　←　○仕事一筋

「趣味がない」のは、仕事に熱心に取り組んできたからでしょう。そうみれば、「仕事一筋」や「仕事熱心」と表せます。「仕事一筋の人生を送られた方ですよ」のように。

×趣味が悪い　←　○個性的

「趣味が悪い人」は、自分なりのこだわりを持っていることが多いもの。そうみれば、「個性的」や「自分の世界を持っている」と表せます。なお、他の項目でも取り上げましたが、感覚や嗜好をめぐる悪口は、おおむね、「個性的」に言い換えられます。たとえば、「センスが悪い」や「好みが変」も、「個性的」に置き換えられます。

×状況がわかっていない

←

○状況に一喜一憂しない

「状況がわかっていない」人は、環境が変わっても、ジタバタ動いたりはしません。その「鈍感力」をポジティブにとらえれば、「状況に一喜一憂しない」と表せます。たとえば、「状況の重大さがわかっていないので、平気な顔でいる」は、「状況に一喜一憂することなく、どっしり構えている」というように。

×消極的な性格

←

○謙虚な性格

「消極的」な人は、「控えめ」な人でしょう。その点をポジティブに表せば、「謙虚な」をはじめ、「つつましい」「シャイな」「遠慮がちな」などと形容できます。「消極的な性格」は「謙虚な性格」、「消極的な人」は「控えめな方」というように。

×常識はずれ

←

○常識にとらわれない

「常識はずれ」な人は、世間の尺度にとらわれません。その点を肯定的にみれば、「常識にとらわれない」や「常識に縛られない」と表せます。「常識が通じない」も同様に言い換えることができます。

×冗談が多い

←

○サービス精神に溢れている

「冗談が多い」人は、人を楽しませようとしているわけで、その点をポジティブにみれば、「サービス精神に溢れている」と表現できます。また、ストレートに言い換えて「ユーモアがある」や「しゃれっ気がある」と表すこともできます。

**×小心者**

**○細心**　←

「小心者」は、「細心」「細かいところまでよく気がつく」などに変換可能です。

**×情に流されやすい**

**○人の痛みがわかる**　←

「情に流されやすい」のは、人の辛さや苦しみをよく理解できるからこそ。そうした人は、「人の痛みがわかる」や「共感力がある」と形容できます。

**×職人気質**

**○名人気質**　←

「職人気質」というよりは、「名人気質」といったほうが、相手に喜ばれることでしよう。「職人肌」も「名人肌」に言い換えられます。

**×初心者** ← **〇ビギナー**

「初心者」「未経験者」「未熟者」などは、英語の「ビギナー」に言い換えると、マイナスのニュアンスが薄まります。たとえば、「初心者とは思えない腕前ですね」は、「ビギナーとは思えない腕前ですね」のように。

**×素人** ← **〇アマチュア**

一方、「素人」は、相手を軽くみるニュアンスを含む言葉。英語の「アマチュア」に言い換えると、ネガティブな語感が弱まります。たとえば、「素人としては相当な腕前」は「アマチュアとしては相当な腕前」と言い換えられます。

**×新入り　←　○新進**

「新入り」や「新米」は、自分に関して使う謙遜用の言葉と心得ましょう。人に対しては、「期待されている」というニュアンスをもった「新進」が使いやすい言葉です。せめて「新人」に言い換えたいもの。

**×神経質な　←　○目配りがきく**

「神経質な」人は、他の人が気づかない点にも気づくもの。その点を長所とみれば、「目配りがきく」や「よく気がつく」「細部にまで目が行き届く」などと表せます。「やたらと細かい」も、同様に言い換えることができます。

×信じられない　←　○腑に落ちない

「信じられない」というと、「信用できない」という意味のほか、「そんなバカげたことがありえるとは、信じられない」という強い否定の意味で使われることもある言葉。後者の意味の場合は、「腑に落ちない」や「合点がいかない」「納得できない」というと、婉曲に表せます。

×信念がない　←　○柔軟

「信念がない」ようにみえるのは、状況に対して柔軟に対応しているからかもしれません。また、一つの意見にこだわらない柔軟な発想の持ち主だからかもしれません。そうみれば、「柔軟」や「頭がやわらかい」「考え方がしなやか」などと表すことができます。たとえば、「信念がない人ですよ」は「柔軟に考える方ですよ」のように。

×心配性
↓
○用意周到

「心配性」な人は、細かく目配りするからこそ、不安にもなるのでしょう。その点を肯定的にみれば、「用意周到」という言葉がしっくりきます。たとえば、「心配性な性格」は「用意周到な性格」というように。また、「観察力がある」や「細かなことによく気づく」とも言い換えられます。

## す

×図々しい

←

○ハートが強い

「図々しい」人は、物怖じしたりしません。その点に目を向ければ、「ハートが強い」や「心臓に毛が生えている」のほか、「度胸がある」「たのもしい」などと表せます。「あそこで発言できるとは、ハートが強いですね」など。「押しが強い」や「態度が大きい」といったネガ語も、同様に言い換えることができます。

---

×すぐ顔に出る

←

○表情豊か

「すぐ顔に出る」のは、気持ちや感情を素直に表すから。そういう人は、「表情豊か」

のほか、「素直」や「正直」とも表せます。

**×すぐに意見を変える**
↓
**○機を見るに敏**

事態が少し変化しただけで、「やっぱり、こうしよう」とすぐに意見を変える人がいるものです。そんな人は、よくいえば、「機を見るに敏」な人でしょう。「変化に対応できる」「状況にすばやく対応する」や、単に「頭の回転が速い」と表すこともできます。

**×ズケズケものを言う**
↓
**○言葉を飾らない**

「ズケズケものを言う」様子は、「言葉を飾らない」や「自分の意見を堂々といえる」と表せます。また、そういう人の性格は、「反感を買ってもひるまない」「腹黒いところがない」「本音の付き合いを好む」などと形容できます。

×図に乗る
←
○破竹の勢い

「図に乗る」は、いい気になって、勢いづいているさま。その「勢い」を評価すれば、「破竹の勢い」と形容できる場合もあるでしょう。ほかに、「有卦（うけ）に入る」（幸運に恵まれ、いいことが続くさま）という表現が使える場合もあります。

×ずぼら
←
○ゆったりと構えている

「ずぼら」は、性格的にだらしがなく、ルーズであることを形容する言葉。ただ、そのキャラクターのゆったりしたところを肯定的にとらえれば、「ゆったり構えている」や「自分のペースを心得ている」などと表現できます。

×ずるい

↓

賢い

「ずるい」のほか、「狡猾（こうかつ）」「卑怯」「汚い」などは、人格を否定する悪口であり、ケンカを売るつもりでないときは、言い換えが必要です。「ずるい」ことができるのは、頭がいいからでしょう。単に「彼は頭がいいですから」や「彼は賢いので」といっても、「ずるいところがある」というニュアンスを含ませることができるものです。

## せ

**×性格が暗い**
**←**
**○大人の雰囲気がある**

「性格が暗い」人は、おおむね「もの静かな」人。「大人の雰囲気がある」や「大人っぽい」のほか、「控えめ」と表すこともできます。

**×性格が弱い**
**←**
**○繊細**

一方、「性格が弱い」は、「繊細」や「感じやすい」「ナイーブ」などと言い換えられます。「性格が弱い人」を「繊細な人」と言い換えれば、それが長所のようにも聞こえるものです。

×責任転嫁する

←

○危機管理能力が高い

「責任転嫁」は、自分の責任を他の人に押しつけること。わが身可愛さながらも、その抜け目のなさに注目すれば、「危機管理能力が高い」や「ピンチをしのぐ力をもっている」などと表せます。

×世間知らず

←

○人を疑わない

「世間知らず」な人の世間の垢に染まっていないところをポジティブに表すと、「ピュア」や「純粋」と形容できます。また、そのすれていないところは、「人を疑わない」とも表せます。たとえば、「世間知らずで、だまされやすい人」は「純粋で、人を疑わない人」というように。

×セコい
←
○しっかりしている

金銭的に「セコい」人は、金銭感覚にすぐれている人とみることもできるでしょう。そうみれば、「しっかりしている」のほか、「経済観念が発達している」や「倹約家」と表すことができます。たとえば、「うちの課長はセコいからね」は、「うちの課長は、経済観念が発達しているからね」というように。

×せっかち
←
○頭の回転が速い

「せっかち」な人が、周りをまだるっこしく感じるのは、「頭の回転が速い」からでしょう。そこで、「とにかく、せっかちな人ですから」は「とにかく、頭の回転が速い人ですから」と言い換えることができます。他に、せっかちな人には、「行動

1
あ行
2
か行
3
さ行
4
た・な行
5
は行
6
ま・や・ら・わ行

力がある」「決断が早い」「対応が早い」「時間を大事にする」といった形容が似合うタイプもいるものです。

**×狭い**
**↓**
**○コンパクトな**

たとえば、マンションの部屋を「狭い」と形容すると、悪口になりますが、「コンパクトな」というと、ほめ言葉にも聞こえます。ほかに、「使い勝手のいい部屋」や「こぢんまりした部屋」とも形容できます。

**×専門がない**
**↓**
**○守備範囲が広い**

「専門がない」人にも、仕事ができる人は大勢います。そういう人は、「守備範囲が広い」や「ジェネラリスト」と表すことができます。また、「さまざまな分野に通(つう)

暁(ぎょう)している」といえば、専門がないところをほめることにもなります。

×専門的すぎる

↓

○素人にはついていけない

一方、「専門的すぎる」というと、多少ながら非難のニュアンスを含みます。そこで、○を使って、「素人には、とてもついていけない世界ですね」といえば、専門家を持ち上げることができます。

## そ

### ×騒々しい
←
### ○エネルギッシュな

「騒々しい」人は、おおむね精力的で、活力に溢れているもの。その点に目を向ければ、「エネルギッシュ」のほか、「活気がある」「元気いっぱい」「威勢がいい」「雰囲気を盛り上げる」「にぎやか」などと、さまざまに形容できます。

---

### ×即戦力でない
←
### ○将来性がある

「即戦力でない」人は、よくいえば、今後、成長の余地を十分に残しているということ。そうみれば、「将来性がある」や「将来が楽しみ」と表せます。たとえば、

「即戦力にはならない若手社員」ではなく、「将来が楽しみな若手社員」というように。

---

**×粗忽**

**←**

**○憎めない**

「粗忽」な人は、軽はずみで、そそっかしいわけですが、そのキャラクターを肯定的にみれば、「憎めない」や「結論が早い」などと表せます。たとえば、「粗忽な振る舞い」は「憎めない振る舞い」というように。

---

**×粗雑な**

**←**

**○粗削りな**

「粗雑な」ものは、よくいえば「粗削りな」と表現できます。たとえば、「粗雑な作品」を「粗削りな作品」と言い換えると、その点こそ魅力的で、将来性を感じさせるというニュアンスを含ませることができます。

×そそっかしい人 ← ○行動が素早い人

「そそっかしい」人は、とにもかくにも、すぐに動きだすわけで、そこを長所とみれば、「行動が素早い」や「スピーディ」と表せます。たとえば、「そそっかしいところがありまして」は、「とにかく、行動が素早いので」のように。

×そっけない ← ○クール

「そっけない」人は、べたべたした人間関係を求めません。その点に目を向ければ、「クール」や「冷静」と表せます。たとえば、「そっけない対応」は「クールな対応」、「そっけない反応」は「冷静な反応」というように。

×粗野

○ざっくばらん　←

「粗野」は、言動が下品で垢抜けていないさま。ただ、その飾らないところに着目すれば、「気取りのない」「ワイルド」「ざっくばらん」などに言い換えられます。たとえば、「粗野な性格」は「気取りのないざっくばらんな性格」というように。

## 言い換えマスターへの道〈さ行〉

〈さ行〉のいろいろな「ネガ語」です。失礼にならないよう、角を立てないよう、ポジティブに言い換えられますか。

×才能がない↓○努力家／コツコツがんばっている
×寂しがり↓○人なつっこい人
×ザンネン（足りないという意）↓○もう一歩
×仕上げが雑↓○途中まではよく出来ている
×時間がかかる↓○慎重／丁寧／手間を惜しまない
×時間内に終わらない↓○時間配分を忘れるほど、全力で取り組む
×指示待ち人間↓○勝手な行動はしない／話をきちんと聞いている
×自堕落↓○無理をしない／息抜きが上手／リラックスしている
×失敗をひきずる↓○ミスを深く反省している

×指導力不足→○自主性を尊重している／自主性にまかせている
×自分からすすんで行動できない→○言われたことはしっかりできる
×自分で判断できない→○人の意見を大切にする／周りの意見をよく聞く
×自分に自信がない→○謙虚／控えめ
×自分の考えを押し通そうとする→○自分の意見をしっかり述べることができる
×自分の気持ちを表現できない→○相手の気持ちを大切にする／控えめ
×自分のことしかしない→○自分のことはしっかりできる
×自分のことが嫌い→○自分のよさに気づいていない／自分に厳しい
×自暴自棄→○怖いものなし／恐れ知らず
×社会性がない→○自分の気持ちに忠実／自分の世界を持っている
×周囲に無関心→○自分を大切にできる
×柔軟性に欠ける→○こだわりがある／信念を持っている
×出世に縁がない→○上司に媚びない
×趣味が変わっている→○こだわりを感じさせる
×準備不足→○本番で力を発揮するタイプ／真剣勝負が好き

×冗談が通じない↓○真面目／冷静
×職人技↓○名人芸／巧みの技
×知りたがり↓○好奇心旺盛／知識欲がある
×尻拭い↓○リリーフエース
×すぐ泣く↓○感受性が強い／感情豊か
×すぐに首を突っ込む↓○積極的
×すぐに興奮する↓○血気盛ん／情熱的
×ストレートに言いすぎる↓○竹を割ったような性格
×ストレスに弱い↓○繊細／ナイーブ
×ズバズバ言う↓○自分の考えをはっきり表現できる
×することがない↓○選択肢がたくさんある
×責任感がない↓○おおらか／こだわらない／自由奔放
×外面がいい↓○誰にでも好かれる／気遣いができる／場所柄を弁えている
×存在感がない↓○周囲に溶け込める／落ちついている

# 4

# た・な行

――「モノは言いよう」は真実です

**×態度が大きい**

**←**

**○堂々としている**

「態度が大きい」人は、よくいえば、風格を感じさせるもの。そうみれば、「堂々としている」や「存在感がある」「貫禄がある」「物怖じしない」などと表せます。たとえば、「若いのに態度が大きい」は「若いのに貫禄がある」のように。ほかに、「厚かましい」「えらそう」「横柄」などのネガ語も、同様に言い換えられます。

**×高そうな店**

**←**

**○すてきな店**

高級な店に招待されると、つい×のようにいってしまいがち。しかし、それは、店を値段で評価する下品な言い方。○や「雰囲気のいいお店ですね」「上品なお店ですね」など、店の雰囲気をほめるのが得策。

×高望みする
↓
○向上心が強い

「高望みする」人が、分不相応なことを願うのは、「前向き」で「ポジティブ」な性格だからでしょう。そうみれば、「向上心が強い」や「目標が高い」「ガッツがある」などと表すことができます。

×ダサい
↓
○かっこつけていない、自然体、素朴

「ダサい」は、垢抜けていないことを意味する俗語ですが、その「かっこつけていない」さまに目を向ければ、「自然体」や「素朴」とも表せます。

**×叩き上げ　←　○苦労人**

「叩き上げ」は、下積みから苦労して一人前になった人のことですが、上から目線のニュアンスを含む言葉なので、人に対して「あの人は叩き上げですから」などと使うのは失礼になります。「苦労人」を使って、「たいへんな苦労人ですから」と表せば、酸いも甘いも嚙み分ける一角の人物であることを失礼なく表せます。

**×食べ物にうるさい　←　○舌が肥えている**

「食べ物にうるさい」というと、味にいろいろとケチをつける面倒な人というイメージになりますが、「舌が肥えている」といえば、美味しいものを食べなれているグルメという意味合いになります。

×ダメな

←

○よくない

「ダメ」は、100%ネガティブな言葉。大人なら、角を立てない婉曲な形容を選びたいものです。「よくない」や「好ましくない」「好みではない」「いいとは思えない」など、「〜ない」型の言葉を使うと、ソフトな表現になります。また、「○○のほうがいいですね」のように、「ダメ」という言葉を使わず、対案を提示する形にしてもいいでしょう。

×頼りない

←

○争いごとを好まない

「頼りない」人は、おおむね、いさかいを好まない人。その点をポジティブにみれば、「争いごとを好まない」や「温厚」「やさしい」に言い換えられます。たとえば、「うちの上司は頼りないので」は「うちの上司は、無用な争いごとを好みませんから」というように。

**×だらしない　←　○カジュアル**

「だらしない」のは、格式張っていないからとみれば、「だらしない服装」は「カジュアルな服装」、「だらしない生活」は「気取りのない暮らしぶり」と表せます。

**×単細胞　←　○一途**

「単細胞」な人は、見方によって、「一途」や「純粋」と形容できます。また、「わかりやすい性格」と表しても、「単細胞」ほどには、悪口に聞こえません。

## ×単純　←　○ピュア

「単純」な性格は、「素直」や「ピュア」「純粋」と形容できます。また、そういう人には、「人を疑わない」「邪念がない」「ストレート」という形容が似合うタイプもいます。「単純に考える人」は「ストレートに考える人」というように。

## ×短絡的　←　○難しく考えない

「短絡的」な人は、思慮が足りない分、結論を出すのは早いもの。その点を評価すれば、「難しく考えない」や「無駄に悩まない」と表すことができます。たとえば、「短絡的に物事を考える」は「無駄に悩むところがない」というように。また、その行動の早さに目を向けて、「判断が早い」や「決断が早い」「思い切りがいい」と形容することもできます。

## ち

×小さな店
○小体（こてい）な店

「小さな店」にも、「小規模ながら良店」があるものです。そういう店には、「小体な店」という形容がぴったりです。とりわけ、小料理屋などの和食の店によく似合う言葉です。「小さな板前割烹」は「小体な板前割烹」というように。

×違う
○少し距離がある

交渉事などで、互いの意見に開きがあるとき、「違う」という言葉を使うと、まとまる話もまとまらなくなってしまいます。「少し距離がある」といえば、「同意できない」という意思は伝わるはず。たとえば、「見方が違います」は「見方に少し距離があるようです」のように。

---

**×遅刻が多い人**

**←**

**○いつも忙しい人**

「遅刻が多い」のは、ほかにもいろいろな用事を抱えているからかもしれません。そうみれば、「いつも忙しい」と表すことができます。たとえば、「彼は遅刻が多いからね」は「彼はいつも忙しいからね」というように。

---

**×知識をひけらかす人**

**←**

**○勉強家**

「知識をひけらかす」ことができるのは、物事をよく知っているからこそ。そうみれば、「物知り」や「勉強家」と表せます。また、「人に教えるのが好き」という点に目を向ければ、「先生に向いている」とも形容できます。

**×ちゃらんぽらん ← ○肩の力が抜けている**

「ちゃらんぽらん」は、いいかげんで無責任な様子を表す言葉。ただ、そうしたキャラクターは、「肩の力が抜けている」や「肩に力が入っていない」「気楽」などとも表せます。たとえば、「ちゃらんぽらんな生活」は「気楽な暮らし」というように。

**×中年 ← ○壮年**

「中年」というと、すこし「くたびれてきた」という語感を含みますが、じつは、働き盛りの世代であり、心身ともに充実している年代といえます。そうした見方に立ち、「壮年」と表せば、活力ある働き盛りというニュアンスを含ませることができます。「壮年期を迎え、さらに充実されているご様子」など。

×調子に乗っている

○颯爽（さっそう）としている←

「調子に乗っている」は、ほめ言葉（勢いがあるという意）にも悪口（図に乗っているという意）にも聞こえる言葉。誤解を避けるため、ほかの「ポジ語」に言い換えたほうがいいでしょう。「調子に乗っている」人の勢いがあるところは、「颯爽としている」や「飛ぶ鳥を落とす勢い」と形容すれば、肯定的に表せます。

×張本人

○主役←

「張本人」は、事件のもとをつくった人のことで、悪事の首謀者といったネガティブな形容に使う言葉。いい意味には使えません。いい意味に使う場合は、「主役」

や「中心人物」に言い換えるといいでしょう。

**×朝令暮改**

**←**

**○臨機応変**

「朝令暮改」は、朝、決めたことを夕暮れには変えるということ。その「素早さ」をポジティブにみれば、「臨機応変」と言い換えられます。たとえば、「朝令暮改が過ぎる」は「臨機応変に対応している」というように。

**×散らかった**

**←**

**○生活感がある**

人が暮らしていれば、多少は部屋のなかが散らかるもの。そうみれば、「散らかった部屋」は「生活感がある部屋」と言い換えることができます。

## つ

×使いにくい
↓
○素人には難しい

モノに関して「使いにくい」と表現すると、自分の理解力や技術の不足を棚にあげて、そのモノのせいにしているように聞こえます。それを「素人には難しい」や「(私には)高級すぎる」と言い換えれば、自分の技量不足を棚にあげているようには聞こえません。

---

×使い古した
↓
○使い込んだ

「使い古した」ものは、長く愛用してきたものでしょう。その点をポジティブに形容すれば、「使い込んだ」や「手になじんだ」と形容できます。また、ものによっては、「年代物」や「アンティークの」という表現が似合うはず。

---

### ×使えない
↓
### ○成長途中

今はまだ「使えない」人には、今後大きく成長する余地が残っています。そうみれば、「伸びしろがある」や「成長途中」「発展途上」などと表せます。たとえば、「今年の新入社員は、どうですか？」ときかれたとき、「まだ、成長途中ですから」と応じれば、「今はまだ、使えない」ことを婉曲に表せます。

---

### ×つかみどころがない
↓
### ○ミステリアス

「つかみどころがない」は、理解するための手掛かりがないという意味で、「怪しい」

というニュアンスを含みます。それを、「ミステリアス」と英語化すれば、「怪しい」という意味合いが薄まり、謎めいたところに焦点を当てられます。

×付き合いが悪い
←
○さっぱりしている

「付き合いが悪い」人は、よくいえば、ベタベタしたところのない人。そうしたキャラクターは、「さっぱりしている」や「すがすがしい性格」と表せます。たとえば、「今度、転勤してきた人、どんな人？」と聞かれたとき、「さっぱりした人ですよ」と答えれば、いわんとするところは伝わるものです。

×つまらない
←
○難しい

「つまらない」というと、100％の否定になりますが、「難しい」といえば、「理解できない自分に問題がある」というニュアンスになり、全面否定したことにはなりません。ほかに、「ピンとこない」や「面白さがわからない」も同様に使えます。「私には、もう一つピンとこなかったのですが」のように。

**×冷たい**

**←**

**○クール**

冷たい人は、冷静な人ともいえるでしょう。そうみれば、「クール」や「落ちついている」と表せます。たとえば、「冷たい反応」は「クールな反応」というように。また、なかには「本当は優しい」という形容が似合うタイプもいるもの。

**×強がりをいう**

**←**

**○弱音を吐かない**

「強がりをいう」は、弱みをみせまいと、虚勢を張るさま。ただ、その強気の言葉が強を吐くさまは、「弱音を吐かない」とも言い換えられます。たとえば、「彼は、強がりを口にしているのではなく、弱音を吐かないのです」のように。

×面の皮が厚い

↓

○メンタルが強い

「面の皮が厚い」人は、周りからどう思われても動じない、精神的に強い人といえるでしょう。そうみれば、「メンタルが強い」と表せます。たとえば、「彼なら大丈夫ですよ。面の皮が厚いですから」は、「彼なら大丈夫ですよ。メンタルが強いですから」のように。

# て

×ディスる
←
○もの言いをつける

「ディスる」は、「ディスリスペクト」（軽蔑、軽視）を略し、動詞化した俗語。「けなす」や「批判する」という意味で使われています。むろん、改まった会話にはふさわしくない言葉です。「軽視する」や「批判する」と言い換えても角が立つので、「もの言いをつける」と表すと多少は婉曲化できます。

×敵
←
○ライバル

競争相手を「敵」というのは、あからさますぎる表現。「ライバル」や「好敵手」

「競争相手」でも、その関係性を伝えられます。「よきライバルに恵まれました」は、「敵」を持ち上げる常套句。「天敵」も「よきライバル」に言い換えられます。

---

**×出来が悪い**

**←**

**○物足りない出来**

人の仕事に対して「出来が悪い」というと、全面否定することになってしまいます。一方、「物足りない」「何かが足りない」「もうひとひねりほしい」なら、婉曲に駄目を出せます。「今回は、いささか物足りない出来でしたね」のように。

---

**×適当**

**←**

**○ささいなことにこだわらない**

「適当（テキトー）」な性格の人は、小さなことを気にしないもの。そうした性格は「ささいなことにこだわらない」や「おおらか」とも形容できます。たとえば、「彼は適当だから」は「彼はおおらかだから」というように。

×できない
←
○簡単ではない

「できない」は、大人の禁句。たとえば、仕事を頼まれたとき、「できません」と即答すると、その後の関係が壊れかねません。「すこし考えさせてください」などと、少しは考えるそぶりをみせるのが大人。そして、「簡単ではない」や「難しい」「容易ではない」と表現をボカすのが得策です。「不可能」や「無理」といった〝全面否定語〟も同様に言い換えられます。

×でしゃばり
←
○積極的な性格

「でしゃばり」な人は、よくいえば、物事を率先して行います。そうみれば、「積極的」や「意欲的」とも形容できます。

×デブ

←

○恰幅がいい

「デブ」や「太った」という言葉を人に対して使うのは、今やNG。「貫禄がある」「体格がいい」「大柄」などに言い換えることです。「太った男性を見かけませんでしたか」ではなく、「恰幅のいい男性を見かけませんでしたか」のように。

×デリカシーがない

←

○率直

「デリカシーがない」は、「ぶしつけ」という意味で使われている言葉。「ぶしつけ」な点は、「率直」であるとポジティブにみることもできるでしょう。そうみれば、「率直」のほか、「正直」「行動的」「直球」「ストレート」などと表すことができます。

×天然

↓

○愛されキャラ

近年、「天然」は、本来の「自然のまま」という意味を離れ、「天然ボケ」という意味で、よく使われています。その場合、少し抜けている人や会話のポイントがずれている人などを指すわけですが、失礼な表現であることは間違いありません。「愛されキャラ」や「誰からも好かれるキャラ」と言い換えれば、相手の耳に届いても問題ないでしょう。

## と

**×独善的な意見**
←
**○信念にもとづく意見**

「独善的」というと、「自分ばかりを正しいと思っている」というネガティブな意味になりますが、「自分の考えに自信を持っている」といえば、その自信家ぶりをポジティブに表せます。単に、「信念がある」とも形容できます。たとえば、「独善的な意見」は「信念にもとづく意見」というように。

**×独断**
←
**○英断**

「独断」は文字どおり、「独りで決断する」ことですが、「自らの思い込みで判断する」というネガティブな意味を含むことがあります。一方、「英断」に言い換えれば、そうしたマイナスのニュアンスは消えます。たとえば、「専務の独断」を「専務の英断」と言い換えれば、批判しているように聞こえません。

**×特徴がない**
**←**
**○そつなくこなす**

「特徴がない」ということを逆からみれば、とくに目立つような短所もないということ。そうした〝特徴〟は、「そつなくこなす」や「何でもできる」と表すこともできます。「専門がない」や「得意がない」も、同様に言い換えられます。

**×どこにでもある服**
**←**
**○コーディネイトしやすい服**

「どこにでもある服」は、おおむね着回ししやすい服でしょう。その点を評価すれば、

「コーディネイトしやすい服」と形容できます。ほかに、「定番物」や「ベーシックなデザイン」とも表せます。

**×年寄り臭い**

←

**○落ちついている**

「年寄り臭い」人は、年齢のわりに大人びている人。よくいえば、「落ちついている」や「大人の雰囲気がある」「老成している」と表せます。たとえば、「年寄り臭い青年」は「老成したところのある青年」というように。

**×どっこいどっこいの腕前**

←

**○遜色のない腕前**

「どっこいどっこい」は、低いレベルで同等であるという意味。それを「遜色のない」に言い換えると、高いレベルで拮抗(きっこう)しているという意味になります。

×突拍子もない
←
○斬新、新鮮

「突拍子もない」は、突飛でとんでもないという意味。その、他ではあまり見かけないところに目を向ければ、「斬新」や「新鮮」と言い換えられます。たとえば、「突拍子もない意見」は「斬新な意見」というように。

×友だちがいない
←
○人と群れない

「友だちがいない」人は、人とベタベタと付き合わない人。その点をポジティブにみれば、「人と群れない」と表せます。また、そのクールな人との付き合い方は、「一人ひとりとじっくり付き合う」や「上辺の付き合いを求めない」のようにも表せます。

×ドライ
←
○感情にとらわれない

「ドライ」な人は、人情に動かされたりはしません。その「合理的」な点を評価すれば、「感情にとらわれない」や「理性的」「クール」と表現できます。たとえば、「ドライな対応」は「理性的な対応」というように。

×トラブル
←
○反省材料

「トラブル」は、ときに物事を見直すきっかけにもなるものです。そうみれば、「反省材料」や「成長材料」と表すこともできます。「今後の反省材料が生じまして」など。

## ×とりえがない

←

## ○短所がない

「とりえがない」人といえば、とりたてすぐれたところがない人のこと。ただ、それを裏返しにみると、問題になるような「短所がない」人ということもできます。また、そういう人には、目立たなくても、さまざまなことをそつなくこなしている人が多いはず。その点に目を向ければ、「オールマイティにこなせる」と言い換えることもできます。

---

## ×とろい

←

## ○おっとりしている

「とろい」は、頭や行動の鈍さを形容する形容詞。その「のんびりしている」点に目を向ければ、「おっとりしている」や「おおらか」「ゆったりしている」などと表現できます。

×泥臭い
←
○土臭い

「泥臭い」というと、「野暮ったい」という意味を含みますが、「泥」を「土」に置き換えて「土臭い」と言い換えると、ネガティブなニュアンスは消え、「素朴」という意味合いが強まります。たとえば、「泥臭い作品」を「土臭い作品」に言い換えると、ほめ言葉になります。

×泥縄式
←
○臨機応変

「泥縄式」は、ぎりぎりの場面になってから対策を考え、講じるという意味。そうした様子をなんとか肯定的にみると、状況にスピーディに対応しているといえなくもありません。そこで、「泥縄式の処置」は「臨機応変な処置」と言い換えることもできます。

**×鈍感**
↓
**○我慢強い**

「鈍感」といわれる人も、周囲の批判や白い目に対して平気なふりをしているだけかもしれません。そうみれば、「我慢強い」や「打たれ強い」「逆境に強い」「傷つきにくい」「批判や非難に耐える力がある」などと表せます。

**×鈍臭い**
↓
**○ゆったりしている**

「鈍臭い」人は、言い換えれば、「ゆったりしている」人。「周囲に流されない」や「自分のペースを守っている」「落ちついている」などと表すこともできます。たとえば、「鈍臭い反応」は「落ちついた反応」というように。

## ×とんちんかん

## ↓

## ○やる気はある

「とんちんかん」は、見当違いで間の抜けた言動を形容する言葉。ただ、何かをしようとはしているわけで、その「意欲」に目を向ければ、「やる気はある」や「情熱はある」と言い換えられます。たとえば、「とんちんかんな発言」は「やる気を感じさせる発言」のように。

## な

### ×仲が悪い

←

### ○反りが合わない

「仲が悪い」のは、判断基準の違いが原因であることが多いもの。その点に着目すれば、「価値観が合わない」と表せます。たとえば、「あの二人は、仲が悪いようです」は「あの二人は、価値観が違うようです」のように。また、「反りが合わない」という慣用句を使って、「あの二人は反りが合わない」と言い換えることもできます。

---

### ×なかなか決められない

←

### ○じっくり考えている

「なかなか決められない」のは、真剣に「じっくり考えている」からなのかもしれません。また、「タイミングを図っている」という形容が当てはまるケースもあるでしょう。

**×情け容赦ない**

**←**

**○情にほだされない**

「情け容赦ない」というと、「冷酷」とほぼ同じ意味になりますが、「情に流されない」や「情にほだされない」と形容すると、多少はポジティブに聞こえます。たとえば、「情け容赦ない人」は「無用な情にほだされない人」というように。

**×流されやすい**

**←**

**○順応性がある**

「流されやすい」のは、よくいえば、環境の変化に敏感で、それに対応する力があるということでしょう。そうみれば、「順応性がある」や「変化を受け入れる」「変化を恐れない」と表すことができます。たとえば、「流されやすいタイプ」は「順応性のあるタイプ」というように。

×何にでも手を出す

←

○守備範囲が広い

仕事でも遊びでも「何にでも手を出す」というと、見境がないようにも聞こえますが、「守備範囲が広い」と表せば、そうしたネガティブなニュアンスは消えます。また、「何にでも手を出す」人は、「好奇心旺盛」で「行動力がある」人でしょう。そうした点は、「関心の幅が広い」や「多才な」とも表せます。

×何も考えていない

←

○裏表がない

「何も考えていない」人には、当然、裏表というものがありません。その点は、「悪気がない」や「作為がない」と表すこともできます。

### ×何も知らない
### ○地頭はいい ←

「何も知らない」のは、勉強不足なだけで、頭自体は悪くないのかもしれません。そうみれば、「地頭がいい」と形容することもできます。「彼は何も知らないようですが、偏差値でははかれない地頭のよさがありますよ」など。

### ×生意気な
### ○気骨がある ←

「生意気な」人は、目上の人に対して恐れたり、忖度したりはしないわけで、ポジティブな面に目を向けると「気骨がある」人といえるでしょう。また、「度胸がある」や「見込みがある」とも表せます。たとえば、「生意気な発言」は「度胸がある発言」というように。

**×悩みがなさそう　←**

**○朗らか**

「悩みがなさそう」というと、「何も考えていない」というニュアンスを含むので、皮肉にも聞こえます。傍目(はため)にそう見える人は、おおむね「朗らか」や「いつもニコニコしている」「明るい」と形容できる人でしょう。

**×なれなれしい　←**

**○溶け込み上手**

「なれなれしい」人は、よくいえば、親しみを表すのが上手な人ともいえます。そうみれば、「溶け込み上手」や「親しみやすい」「社交的」などと表せます。たとえば、「なれなれしい態度」は「社交的な態度」というように。

×軟弱　←　○穏やか

とかく、周囲から「軟弱」と見られがちな人は、「穏やか」で「ソフト」な人でしょう。そこで、「軟弱な意見」は「穏やかな意見」、「軟弱な対応」は「ソフトな対応」と言い換えられます。人によっては、「知性派」という言葉が似合う人もいるかもしれません。

×なんでも人に頼む　←　○周囲を巻き込む力がある

「何でも人に頼む」ということは、頼める相手がいるということ。その点を評価すれば、「周囲をその気にさせる力がある」や「周囲を巻き込む力がある」と表すことができます。

## に・ぬ・ね・の

**×煮え切らない**

**←**

**〇じっくり考える**

「煮え切らない」は、ぐずぐずして、なかなか態度をはっきりさせないこと。その「慎重さ」を前向きにとらえれば、「じっくり考える」や「熟考する」などに言い換えられます。たとえば、「煮え切らないところがありましてね」は「熟考するタイプでしてね」のように。

**×苦手**

**←**

**〇好きではない**

「苦手な人」といえば、扱いにくく、嫌いな相手という意味。それを「好きではない」と言い換えれば、表現を婉曲にできます。「好みではない」とも表せます。

---

**×鈍い**

←

**○おっとりしている**

「鈍い」人は、状況が変わっても、大騒ぎしたりはしません。その点に目を向けると、「おっとりしている」や「ゆっくりしている」と表せます。たとえば、「鈍い反応」は「ゆっくりした反応」というように。

---

**×抜け駆けをする**

←

**○勝利に貪欲（どんよく）**

「抜け駆け」は、本来は、戦場で、ひそかに抜け出して、武功を立てようとすること。そこから、人を出し抜くという意味で使われるようになりました。その行動力に目を向ければ、「勝利に貪欲」や「機を見るに敏」と言い換えられます。

## ×抜け目がない
↓
## ○頭の回転が速い

「抜け目がない」は、「ずる賢い」という意味合いを含む「準ネガ語」です。それを「頭の回転が速い」や「聡明」「そつがない」と言い換えれば、マイナスイメージは消え、純粋に頭のよさを表せます。たとえば、「万事に抜け目がない」は「万事にそつがない」というように。

## ×ネガティブ
↓
## ○最悪の事態を想定できる

「ネガティブ」な人は、状況をよくみて、慎重に判断するもの。その姿勢は「最悪の事態を想定できる」や「思慮深い」「慎重」とも表すことができます。たとえば、「ネガティブな状況判断」は「思慮深い状況判断」や「慎重な状況判断」というように。

**×能天気**　←　**○前向き**

「能天気」な人は、考え込んだり、迷ったりはしません。その点に着目すれば、「前向き」や「積極的」「ポジティブ」と表せます。また、「能天気」な人の楽観的なところに目を向ければ、「いつも明るい」や「楽天的」と表せます。たとえば、「能天気な考え」は「楽天的な考え」というように。

**×のっぽ**　←　**○長身**

「のっぽ」は俗な言葉なので、改まった席や目上の人との会話では、「長身」に言い換えたほうがいいでしょう。

×呑み込みが悪い
←
○じっくり取り組むタイプ

「呑み込みが悪い」人は、その分、時間をかけて、物事に取り組むもの。その点を評価すれば、「じっくり取り組むタイプ」や「丁寧に理解するタイプ」などと形容できます。たとえば、若手社員の仕事ぶりについてたずねられたとき、「呑み込みが悪くて」はストレートすぎる返事。大人なら「じっくり取り組んでいますよ」と婉曲な言葉を返したいものです。

×のらりくらり
←
○柳に風

「のらりくらり」は、態度がはっきりせず、とらえどころがないさま。ただ、その柔軟性に注目すれば、「柳に風」と言い換えられます。たとえば、「質問をのらりくらりとかわす」は「質問を柳に風とかわす」のように。

**×のんべりだらり**

←

**○焦ることなく**

「のんべりだらりと仕事する」といえば、仕事の進め方にしまりがないさま。ただ、そのマイペースぶりをポジティブにとらえれば、「焦ることなく」や「自分のペースを守って」と表せます。

## 言い換えマスターへの道〈た・な行〉

〈た行〉と〈な行〉のいろいろな「ネガ語」です。失礼にならないよう、角を立てないよう、ポジティブに言い換えられますか。

×だまされやすい→○人を信じる／純真／ピュア
×誰でもできる→○とっつきやすい／やさしい
×つべこべ言う→○あれこれ言う
×出来が悪い→○育てがいがある
×どじ→○微笑ましい失敗／うっかりミス
×とぼけている→○愛嬌がある／憎めない
×（聞かれたことに対して）とぼける→○飄々（ひょうひょう）としている／平然としている
×取りかかりが遅い→○納得がいくまで考えてから作業に入る／始めれば早い
×とりたてて言うところがない→○オールマイティ／欠点がない

×何の意見もない人↓〇中立的な人
×何を言われても怒らない↓〇人間ができている／懐が深い
×何を言っているのかよくわからない↓〇含蓄がある
×何を考えているのかわからない↓〇ミステリアス
×似合わない↓〇雰囲気に合わない
×人気取り↓〇人に好かれようと努力する
×人間関係のトラブルが多い↓〇自己主張できる／信念を曲げない
×熱しやすく冷めやすい↓〇気持ちの切り替えが早い
×のんびりしている↓〇余裕を持っている／ゆとりがある／リラックスしている

# 5

# は行

——結局、「言い方」で9割決まる

## は

×馬鹿正直
←
○裏表がない
「馬鹿正直」な人は、相手や場面に合わせて、態度や言葉を変えたりはしません。その「正直」ぶりを評価すれば、「裏表がない」や「竹を割ったような性格」「曲がったことが嫌い」「誠実な」などと表せます。「裏表がない人ですから、信用できますよ」など。

---

×覇気がない
←
○落ちついている
「覇気がない」人は、物事に積極的に取り組もうとする意欲を感じさせません。しかし、その様子を前向きにとらえれば、「落ちついた」様子と言い換えることもできるでしょう。「若いのに覇気がない」は、「若いのに落ちついている」というように。また、その静かな様子は、「アンニュイ」や「物静か」と表すこともできます。

---

×薄情
↓
○情に流されない

「薄情」は、思いやりのなさ、人情に欠けることを表す言葉。ただ、そうしたキャラクターは、「情に流されない」や「さっぱりしている」とも言い換えられます。たとえば、「薄情な仕打ち」は「情に流されない方法」というように。

---

×恥知らず
↓
○周囲に流されない

「恥知らず」な人は、むろん傍目を気にしたりはしません。そこに目を向ければ、

「周囲に流されない」や「堂々としている」と表せます。

**×はしたない** ← **○活発**

「はしたない」ということは、よくいえば、(慎みがないほどに)元気があって、勢いがよいということ。そうみれば、「活発」と表すこともできます。たとえば、「はしたない真似」は「活発な動き」というように。「品がない」や「がさつ」も、同様に言い換えられます。

**×発想が古い** ← **○伝統を大切にする**

「発想が古い」人は、その分、慣習やしきたりを大事にする人と評価すれば、「伝統を大切にする」や「先人の知恵を尊重する」「過去の経験を重んじる」のように表せます。たとえば、「発想が古い人」は「伝統を大切にする人」というように。

×八方美人 ← ○敵をつくらない

「八方美人」は、本来は「どこから見ても難点のない美人」のことですが、今は「誰にでもいい顔をする」という意味で使われています。そうした点を肯定的にみれば、「敵をつくらない」や「フレンドリー」「誰とでも仲良くできる」「人をより好みしない」「分け隔てなく人と接する」「気配り上手」などに言い換えられます。たとえば、「八方美人なところがある人」は、「敵をつくらない人」のように。

×派手 ← ○華やかな

「派手」は、「華やかな」や「印象的」「存在感がある」「注目の的」と表せば、ネガティブなニュアンスは消えます。たとえば、「派手なワンピース」は「華やかなワンピース」、「派手な作品」は「印象的な作品」というように。

**×鼻が利く**
← 
**○勘が鋭い**

「鼻が利く」は、物事に敏感なことを表す慣用句。ただし、「犬（動物）」にたとえているところが失礼に響く「準ネガ語」です。これを「勘が鋭い」に言い換えれば、失礼なニュアンスを消せます。たとえば、「儲け話には鼻が利く」は「仕事に関する勘が鋭い」のように。

**×話が長い**
← 
**○話題が豊富な**

「話が長い」人は、それだけ時間をかけて話します。その点をポジティブにみれば、

「話題が豊富」と形容できます。たとえば、「とにかく話が長くてね」は「とにかく話題が尽きなくてね」のように。

**×話が回りくどい**

←

**○話が丁寧**

「話が回りくどい」のは、よくいえば、それだけ詳しく説明しているということ。そうみれば、「話が丁寧」と表すこともできます。

**×話し下手**

←

**○聞き上手**

「話し下手」な人は、口数が少ない分、「聞き手」に回ることが多いでしょう。そうみれば、「聞き上手」と表せます。

1 あ行 2 か行 3 さ行 4 た・な行 5 は行 6 ま・や・ら・わ行

×早呑み込み　←
○察しがいい

「早呑み込み」する人は、少し聞いただけで、おおむねのところは理解できるということ。そこに注目すれば、「察しがいい」や「頭の回転が速い」「一を聞いて十を知る」などと表せます。「一を聞いて十を知るとは、このことですね」など。

×反対意見　←
○刺激になる意見

会議などで、反対意見が出たとき、「Aさんから、反対意見が出ましたが」などと、「反対意見」という言葉を使うのは、会議を紛糾させるもと。「Aさんから、刺激になる意見が出ましたが」のように婉曲に表すのが、大人度の高い受け止め方です。ほかに、「別の方向からの意見」や「新しい考え方」のように表すこともできます。

**×悲観的**

↓

**○思慮深い**

「悲観的」になるのは、物事を深く考えるからこそ。そうみれば、「思慮深い」や「現実がわかっている」「問題点が見えている」「慎重」などと表せます。たとえば、「悲観的な結論」は「思慮深い結論」というように。

---

**×非常識**

↓

**○常識にとらわれない**

相手の言動を「非常識」と形容すると、ほぼ全面否定することになってしまいます。一方、「常識にとらわれない」や「常識に縛られない」は、自由な発想や行動を評価する「ほめ言葉」。それらを使い、「非常識な言動」を「常識にとらわれない言動」と言い換えても、伝わる人には、相手の非常識ぶりを伝えられるものです。

---

**×引っ込み思案**

**○おしとやか、慎ましい** ←

「引っ込み思案」な人は、内気で人前に出るのが苦手です。ただ、そうした性格を「控えめさ」とみれば、「おしとやか」や「慎ましい」とも表せます。たとえば、「引っ込み思案な女性」は、「慎ましい女性」のように。

---

**×一言多い人**

**○論客** ←

とかく「一言多い」のは、何事にも意見を持っているからこそといえます。そういう人は、「論客」と表せば、マイナスの意味合いを消すことができます。「うるさ型」

も、同様に言い換えられます。

**×人に言われないと何もできない**

**←**

**○指示に忠実**

「人に言われないと何もできない」ことを反対側からみると、人に言われたこと＝指示をよく守るということ。その点にポイントを絞れば、「指示に忠実」とも表せます。

**×人によって言うことが違う**

**←**

**○相手に合わせて話す**

「人によって言うことが違う」ということをポジティブにみれば、相手の理解力に応じて話しているということ。そうみれば、「相手に合わせて話す」と形容することができます。

×人の意見に左右される
←
○人の意見を尊重する

「人の意見に左右される」のは、人の言葉によく耳を傾けることが前提。そうみれば、「人の意見を尊重する」や「人の意見をよく聞く」、あるいは「素直」と表すこともできます。

×人の話を聞かない
←
○自分の世界を持っている

「人の話を聞かない」のは、自分独自の考えや判断基準を持っているからでしょう。そうみれば、「自分の世界を持っている」や「人の意見に左右されない」「信念がある」「ぶれない」などと形容できます。

×人まかせ

↓

〇采配をふるうのがうまい

「人まかせ」にできるのは、頼める人（＝仲間）が多いうえ、上手に頼むことができるからでしょう。そうみれば、「仲間が多い」のほか、「指揮をとるのがうまい」や「采配をふるうのがうまい」と表すことができます。たとえば、「うちの部長は、万事人まかせですから」は「うちの部長は、采配をふるうのがうまいので」というように。

×人見知り

↓

〇シャイ

「人見知り」は本来、幼児が見慣れぬ人に対して、はにかんだり、泣きだしたりするさまに使う言葉。大人に対して使うのは適当ではありません。大人が初対面の人に対して、うまく対応できない様子は、「人見知り」ではなく「シャイ」と表すと、批判がましくは聞こえません。また、「時間をかけて人間関係を築く」のように表すこともできます。

---

×ひとりぼっち

↓

○群れない

「ひとりぼっち」な人は、むろん人と群れたりはしません。そうした様子は、「群れない」のほか、「孤高」とも表せます。「いつも、ひとりぼっちの人ですよ」は「人と群れない人ですよ」のように。

---

×ひねくれている

↓

○物事を違う角度から見ることができる

「ひねくれている」ことをポジティブにみれば、普通とは違う視点を持っているということ。そうみれば、「物事を違う角度から見ることができる」と表せます。また、

「素直にいえない」という形容が似合うタイプもいるでしょう。

---

**×暇な**
**←**
**○ゆとりがある**

「暇な」は、「ゆとりがある」や「余裕がある」と表すこともできます。たとえば、「いつも暇」は「いつもゆとりがある」というように。

---

**×日焼けした肌**
**←**
**○小麦色の肌**

「小麦色」とは、「小麦の『種』のような色」のことで、光沢のある薄茶色を指します。「日焼けした肌」は「小麦色の肌」と形容すれば、いっそう健康的に聞こえます。「小麦色の肌に、白い歯がよく似合う」など。

×品がない
←
○飾らない

「品がない」ことを、体裁にこだわらず、外見を取り繕わない様子とみれば、「飾らない」とも形容できます。たとえば、「品がない話しぶり」は、「飾らない話しぶり」というように。「下品」も同様に言い換えられます。

×貧弱
←
○スマート

人の外見をうんぬんするのは避けたいものですが、ときに体格の話題になってしまうこともあるでしょう。そんなとき、「貧弱」は禁句。痩せている人のことは、「スマート」や「スラッとしている」と表すのが得策です。たとえば、「貧弱な体格」は「スマートな体つき」というように。

## ふ

**×無愛想　←　○媚びない**

「無愛想」は、そっけなく、つっけんどんな態度を表す言葉。ただ、そうした「クール」なキャラクターは、「媚びない」や「へつらわない」とも表せます。「無愛想な態度」は「媚びへつらうところのない態度」というように。

**×ふがいない　←　○応援したくなる**

「ふがいない」人は、放っておけないと思うことがあるもの。その点を形容して、「応援したくなる」や「背中を押したくなる」と表すこともできます。「意気地がな

**×服装が見すぼらしい**

**←**

**○見栄をはらない**

「服装が見すぼらしい」のは、要するに、衣服にお金をかけていないから。その点を肯定的にみれば、「見栄をはらない」と表せます。「いつも同じ服を着ている」も同様に言い換えることができます。

**×老けている**

**←**

**○風格がある**

「老けている」ことをポジティブにみれば、年齢以上の貫禄があるということ。その点に着目すれば、「風格がある」や「大人っぽい」「大人の雰囲気がある」「落ちついている」などと表せます。たとえば、「老けましたね」は「落ちつきましたね」のように。

×不作法
←
○形にとらわれない

「不作法」な人は、しきたりや既成の様式、固定化した価値観に縛られたりはしません。そうみれば、「形にとらわれない」や「自然流」と表すこともできます。「不作法な人」は「形にとらわれない人」、「不作法な振る舞い」は「自然流の振る舞い」というように。

×ふしだら
←
○オープン

「ふしだら」は、だらしなく品行が悪いさまや、性的にけじめがないことを表す言葉。ただ、そうしたキャラクターは、タイプによって「オープン」や「開放的」、「自由」などと表せます。

×ぶしつけな意見
←
○率直な意見

「ぶしつけ」であることをポジティブにみれば、飾ることなく、ありのままであるということ。忖度したり、心にもないお世辞を口にしたりはしないということです。そうみれば、「率直」や「正直」「ストレート」と表せます。たとえば、「ぶしつけな感想」は、「率直な感想」「正直な意見」「ストレートな物言い」などと言い換えることができます。

×札付き
←
○折り紙付き

同じ慣用句でも、「札付き」と「折り紙付き」では、評価の方向が180度違います。「札付き」は、悪い方向の評価や評判に対して使い、「折り紙付き」は、よい評価や評判に対して用いる言葉です。

**×豚に真珠**
←
**○猫に小判**

×も○も、価値のわからない者には、貴重なものも無意味ということのたとえ。ただ、どちらも動物にたとえる言葉なので、人に対して使うと失礼になります。自分に関して使うときは、「豚」にたとえるよりは、「猫」にたとえたほうが品よく、可愛くも聞こえます。

**×ぶっきらぼう**
←
**○べたべたしない**

「ぶっきらぼう」な人は、言動に愛嬌がありません。ただ、そうした点を好意的にみれば、「べたべたしない」や「さっぱりしている」とも表せます。

## ×ふてぶてしい
←
## ○度胸がある

「ふてぶてしい」人は、目上の人に対しても、遠慮したり、忖度したりしません。その点に着目すれば、「度胸がある」や「勇気がある」と形容できます。「ふてぶてしい態度」は「勇気がある態度」というように。「図太い」も同様に「度胸がある」と言い換えられます。

---

## ×太っている
←
## ○ふくよか

人の体型には触れないのが現代の常識。とりわけ、「太っている」などのネガティブな形容は禁句です。それでも、話の流れで触れざるをえないときは、「ふくよか」や「ふっくらしている」「福々しい」「貫禄がある」「堂々としている」「恰幅がいい」

「健康的」といったポジティブな言葉を選びたいもの。

×無難
←
**○的をはずしてはいない**

たとえば、「無難な作品」というと、とくに優れているわけではないが、欠点も見当たらない作品という意味。その後段に目を向ければ、「的をはずしてはいない」や「間違いではない」に言い換えることができます。たとえば、「無難な意見」は「的をはずしてはいない意見」というように。

×不便
←
**○使いこなす楽しみがある**

「不便」なものが、便利には使えないところを、あえて長所とみれば、「使いこなす楽しみがある」や「面白みがある」と表すこともできます。

×不真面目

○洒脱(しゃだつ)←

「不真面目」ということをポジティブにみれば、「洒脱」や「愉快」「気さく」「ユーモアがある」などと表せます。たとえば、「不真面目な人柄」は「洒脱な人柄」というように。

---

×古い

○懐かしい←

「古い」は、大人の言い換え力が試される形容詞です。「懐かしい」のほか、「伝統がある」「歴史を感じさせる」「味がある」「昔から愛されている」など、さまざまに表すことができます。たとえば、「古い話」は「懐かしい話」、「古い店」は「昔から愛されている店」というように。

×古臭い

○レトロな

「古臭い」も、同様に言い換え力が試される言葉です。「レトロな」のほか、「すたれない」「味わい深い」「伝統がある」「昔ながらの」などと表すことができます。たとえば、「古臭い町並み」は「レトロな町並み」、「古臭いしきたり」は「昔ながらのしきたり」というように。

×古手

←

○ベテラン

「古手」というと、「年寄り」という意味合いを含むので、「ベテラン」と言い換えたほうがいいでしょう。「古顔」や「古株」も、「ベテラン」に言い換えると、円熟した技量を持つという側面にスポットライトを当てられます。

×無礼
←
○物怖じしない、マイペース

「無礼」な人は、目上の人を不必要に恐れたりはしません。そうみれば、「物怖じしない」や「マイペース」と表せます。たとえば、「無礼な物言い」は「物怖じするところのない物言い」、「無礼な真似」は「マイペースの行動」というように。

×プレッシャーに弱い
←
○本当は実力がある

「プレッシャーに弱い」ということは、本当なら、もっと力を発揮できるということ。そうみれば、「本当は実力がある」や「実力を秘めている」と表せます。たとえば、「プレッシャーに弱い選手」は「実力を秘めている選手」というように。また、「慣れれば強くなる」「あとは場数を踏むだけ」のように表すこともできるでしょう。

×付和雷同する
↑
○協調性がある

「付和雷同」は、人の意見に乗って、同様の行動をとるということ。そうした様子は、「協調性がある」といえなくもありません。

## へ

×平板な ← ○素朴な

「平板」は、変化や面白みに欠けるさま。ただし、そのシンプルさに目を向ければ、「素朴な」や「飾り気がない」「無用な装飾をしない」と表せます。たとえば、「平板な文章」は「飾り気がない文章」というように。

×平凡 ← ○標準的

「平凡」は、「標準的」や「平均的」、あるいは「合格点」や「なかなかの水準」と表すことができます。たとえば、「平凡な家庭」は「標準的な家庭」、「平凡な出来」

は「合格点の出来」のように。「月並み」や「ありきたり」も、同じように言い換えることができます。

**×下手**

**○味がある**

「下手」なものは、ときに「上手」なものにはない個性や趣を感じさせることもあります。その点に着目すれば、「味がある」と形容できます。たとえば、「下手な歌」は「味がある歌」、「下手な字」は「味がある字」というように。ほかには、「ユニーク」や「個性的」という言葉があてはまる場合もあるでしょう。

**×偏屈**

**○自分を曲げない**

「偏屈」は、性格が頑(かたくな)で、ひねくれているさまを表す言葉。ただ、「頑さ」をポジティブにとらえれば、「自分を曲げない」や「信念がある」「周囲に流されない」「孤高」などと形容できます。たとえば、「偏屈な人」は「孤高の人」というように。

## ×変人 ← ○奇才

「変人」は、性格や言動が変わっていることをネガティブに表す言葉。それを「奇才」や「異才」に言い換えると、「変人」というニュアンスを含ませながら、ほめているようにも聞こえます。また、相手が本当に才能豊かなちょっと変わった人の場合は、「天才肌」と表すといいでしょう。

## ×変な ← ○ユニーク

「変な」は、言い換え力の見せどころとなる言葉。「ユニーク」のほか、「珍しい」

や「個性的」「特徴的」「斬新」などと表すと、ネガティブなニュアンスを薄めることができます。たとえば、「変な服装」は「ユニークな服装」、「変な趣味」は「個性的な趣味」というように。

---

**×変な臭い**

←

**○独特の香り**

「臭（にお）い」は悪臭、「香り」はいいにおいに関して使います。食べ物や花のにおいを表現するとき、「変な臭（にお）い」や「臭（くさ）い」というのはタブー。「香り」を使って「独特の香り」と表現するのが大人の物言いです。

## ほ

**×ぼうっとしている**

←

**○物事に動じない**

「ぼうっとしている」人は、状況が変化しても、動揺したりはしません。その点をポジティブにみれば、「物事に動じない」や「一喜一憂しない」「落ちついている」「鈍感力にすぐれている」などと表せます。たとえば、「ぼうっとした人」は「鈍感力のある人」という具合。

**×細い指**

←

**○ピアニストのような指**

女性の指の美しさを表す比喩として、「ピアニストのような」と「白魚のよう」の二語は頭に入れておきたいものです。「ピアニストのような指」など。

×没個性

←

○周囲に溶け込んでいる

「没個性」や「没交渉」など、「没」が熟語の頭につくと、「それがない」ことを意味します。「没個性」は個性がないことですが、その「悪目立ちしない」点に注目すると、「周囲に溶け込んでいる」や「場になじんでいる」と言い換えられます。

×ほら吹き

←

○ビッグマウス

「ほら吹き」は、大げさで、でたらめな話をする人。むろん悪口ですが、「ビッグマウス」と英語化すると、マイナスのニュアンスが薄まります。また、その大言を吐くところは、「楽天家」や「夢がある人」とも言い換えられます。

×ぼろい

↓

○味が出てきている、使い込まれている

「ぼろい」は、古くなり、傷んださまを表す形容詞。ただ、古さが一種の風合(ふうあ)いになっている場合もあり、「味が出てきている」や「使い込まれている」「手になじんでいる」と表せることもあります。

## 言い換えマスターへの道〈は行〉

〈は行〉のいろいろな「ネガ語」です。失礼にならないよう、角を立てないよう、ポジティブに言い換えられますか。

×排他的↓○自分たちの考えを大切にする

×反抗的↓○自己主張できる／自分の意見がいえる

×反省しない↓○つねに前を見ている

×人と比較してしまう↓○周囲に興味・関心を示すことができる

×人前で意見を言えない↓○人の意見をよく聞いている

×人前で緊張しやすい↓○時と場を理解している／いい意味で緊張感がある

×ふざけている↓○遊び心がある

×部屋が汚い↓○居心地がいい／好きなものに囲まれて暮らしている

×勉強不足↓○伸びしろがある／将来が楽しみ／地頭はいい

# 6

# ま・や・ら・わ行

――言葉が変われば、人間関係が変わる

## ま

**×マイナス思考**
**←**
**○いろいろな状況に備えている**

「マイナス思考」は、物事を否定的にとらえる考え方のこと。そのように考えるのも、いろいろな問題点に気づいているからこそでしょう。そうみれば、物事をよく観察し、思慮深く考え、最悪の事態を含めた「いろいろな状況に備えている」といえなくもありません。

**×まかせきり**
**←**
**○権限を委譲している**

人に「まかせきり」にできるのは、部下を信頼し、まかせる度量があるからこそ。

そうみれば、「権限を委譲している」や「部下を信頼している」と表せます。

**×負けず嫌い**
**←**
**○向上心がある**

何事にも「負けず嫌い」なのは、「向上心がある」からこそでしょう。そう考えると、「向上心がある」のほか、「妥協しない」「勝負への執着心がある」「結果に重きをおく」などと表すことができます。

**×マザコン**
**←**
**○母親思い**

「マザコン」は「マザーコンプレックス」の略語で、母親に依存したり、逆に支配される心的傾向を指す言葉。その母親を愛する点にのみ目を向ければ、「母親思い」や「母親を大切にする」と表すことができます。たとえば、「マザコンの傾向があ

って ね」 は 「母親思いでね」 というように。

---

**×真面目一点張り**

**←**

**○真面目そのもの**

「真面目一点張り」 というと、 杓子定規で融通がきかないといったネガティブな意味になりますが、「真面目そのもの」 といえば、 その真摯さや誠実さをポジティブに表せます。 タイプによって、「品行方正」「正義感あふれる」「信義に厚い」 という形容が似合う人もいるでしょう。

---

**×まずい**

**←**

**○食べ慣れていない**

「まずい」 や 「おいしくない」 は、 大人の言い換え力が試される形容詞。 たとえ、まずくても、 ストレートに口にせず 「食べ慣れていない味」「独特の風味」「好きな人にはたまらない味」「斬新な味付け」などに言い換えましょう。

×まだるっこしい
↓
○丁寧に取り組んでいる

「まだるっこしい」は、傍目からみて、じれったいさまを表す形容詞。ただ、時間がかかるのは、作業が丁寧だからという場合もあるはず。そんなときは、「丁寧に取り組んでいる」とも表せます。なお、「まだるっこしい」は「まだるい」という古い形容詞から派生した語なので、「まだろっこしい」ではなく、「まだるっこしい」と表記・発音するのが正解。

×マニア
↓
○精通している

「マニアック」な人は、特定分野について詳しく知っているもの。その点をポジティブにみれば、「精通している」や「極めている」「探究している」と表せます。たとえば、「○○のマニアですよ」は「○○について精通している方ですよ」のように。

**×周りが見えていない**

**←**

**○一つのことに集中している**

「周りが見えていない」のは、それだけ一つのことに、精神を集中させているからとみれば、「一つのことに集中している」や「全力投球」と表すことができます。

**×周りから浮いている**

**←**

**○他の人にはないオーラがある**

「周りから浮いている」人には、他の人とは違う独特の雰囲気があるもの。その点を「個性」とみれば、「オンリーワンの魅力がある」や「(他の人にはない)オーラがある」などと表せます。

## み

### ×未熟な人 ← ○これからの人

「未熟な人」は、今は未だ熟していないわけで、「これからの人」のほか、「将来有望」「将来を嘱望されている」「○○年後が楽しみ」などと表すことができます。たとえば、経験の浅い人の技量について問われたとき、「これからの人ですから」と答えれば、「まだまだ未熟」という意味を伝えられるものです。

### ×水くさい ← ○ベタベタしない

「水くさい」は、よそよそしく、他人行儀なさま。そうしたキャラクターは、「ベタベタしない」や「なれなれしくしない」とも表せます。

**×三日坊主**
↓
**○いろいろなことに興味がある**

「三日坊主」な人が、いろいろなことに手を出すのは、関心の幅が広いからでしょう。その点に目を向ければ、「いろいろなことに興味がある」のほか、「好奇心旺盛」「切り替えが早い」「集中して物事に取り組む」などと表せます。「長く続かないのも、いろいろなことに興味があるからですよ」など。

**×みっともない**
↓
**○飾らない**

「みっともない」人は、人目をあまり気にすることのない人かもしれません。そうみれば、「見栄をはらない」のほか、「格好をつけない」や「飾らない」と表すことができます。

**×見てくれが悪い**

←

**〇中身で勝負**

「見てくれが悪い」からといって、中身まで悪いとは限りません。そうみれば、「中身で勝負」ということもできます。また、その外見を「個性的な」や「特徴的な」と表すこともできます。

**×身のほどを知らない人**

←

**〇高い目標を持っている人**

「身のほどを知らない」人は、自分の能力や身分などをわきまえていない人。ただ、その気概をポジティブにみれば、「高い目標を持っている」といえる人かもしれません。そのほか、「高いところをみている」や「向上心がある」「自信がある」などと表せるタイプもいるはず。

**×耳が大きい　←　○福耳**

「耳が大きい」ことは、福相の代表的な特徴。「福耳」といえば、相手を喜ばすことができます。たとえば、「お父さん譲りで耳が大きいですね」は、「お父さん譲りで福耳ですね」と言い換えるといいでしょう。

**×ミーハー　←　○流行に敏感**

「ミーハー」は、「みいちゃんはあちゃん」の略であり、世の中の流行にかぶれやすいこと。流行を追うところに着目すれば、「流行に敏感」や「トレンドに敏感」と表せます。また、「にわかファン」と言い換えても、ネガティブな感じはいくぶん薄まります。

**×未練がましい**

←

**○こだわりがある**

「未練がましい」のは、執着心が強いからこそでしょう。そうみれば、「こだわりがある」と表せます。「こだわり」は、もとは「ささいなことにとらわれる」というマイナスイメージの言葉ですが、今は意味が変わって、プラスの意味に使うことが普通になっています。

## む

×無一文
↓
○裸一貫

「無一文」は、お金がまったくないことを表す言葉。それを「裸一貫」や「ゼロからのスタート」に言い換えると、「ネガ度」を落とすことができます。たとえば、「無一文からはじめる」は「ゼロからのスタートを切る」というように。

×むかつく
↓
○腹立たしい

「むかつく」は品のない俗語なので、「腹立たしい」や「怒りたくもなる」に言い換えると大人度がアップします。たとえば、「ほんと、むかつくよね」は「まったくもって、腹立たしいかぎりです」のように。

×無気力 ← ○肩の力が抜けている

「無気力」であることは、よくいえば、リラックスしているということ。その様子は、「肩の力が抜けている」とも表せます。「いい意味で、肩の力が抜けている」や「肩の力が抜けているところが、彼の持ち味ですよ」のように。

×無口 ← ○寡黙

「無口」も悪口ではありませんが、無愛想というニュアンスを含みます。一方、「寡黙」と表すと、「不言実行」というニュアンスが多少生じます。たとえば、「無口な青年」を「寡黙な青年」と言い換えると、いくぶん印象がよくなります。また、単に「もの静かな」「落ちついた」と表すと、無愛想という意味合いを伴いません。

×無慈悲　←

○情に流されない

すでに取り上げた「薄情」と同様、「無慈悲」な人は、思いやりがなく、憐れみの心を抱いたりはしません。そうした性格は、「情に流されない」や「情にほだされない」と表すこともできます。

×無神経　←

○小さなことを気にしない

「無神経」というと、非難のニュアンスを含みますが、「小さなことを気にしない」といえば、おおらかな性格をポジティブに表せます。人によっては、「サバサバしている」とも言い換えられるでしょう。「無頓着」や「はた迷惑」などのネガ語も、同様に言い換えられます。

---

**×難しい**
↓
**○格調高い**

「難しい」ことには、品格や知性を感じさせることがあるもの。その点に着目すれば、「格調高い」や「知的」「深い」などと表せます。たとえば、「難しくて、よくわかりません」は「格調が高すぎて、よく理解できません」というように。

---

**×無鉄砲**
↓
**○失敗を恐れない**

「無鉄砲」な人は、成否を考えず、ほかの人に先駆けて行動します。そうした点をポジティブにみれば、「失敗を恐れない」や「大胆」「勇気がある」と形容できます。たとえば、「無鉄砲な人」は「失敗を恐れず行動する人」というように。

×無表情　←　○ポーカーフェイス

「無表情」を英語化して「ポーカーフェイス」と表すと、「英語効果」でネガティブなニュアンスが弱まります。また、無表情な人には、「冷静」や「クール」と表せるタイプもいるものです。

×無謀　←　○積極果敢

「無謀」な行動も、ポジティブにとらえれば、「積極果敢」なチャレンジといえるかもしれません。そうみれば、「チャレンジング」や「度胸がある」「思い切りがいい」「大胆」「失敗を恐れない」などと表すことができます。たとえば、「無謀な挑戦」は「大胆な挑戦」、「無謀な試み」は「失敗を恐れない試み」というように。

×無名
←
〇知る人ぞ知る

「無名」といっても、誰一人知らないというわけではないでしょう。一部の人にはよく知られていて、「知る人ぞ知る」という形容が当てはまる場合もあるはず。「知る人ぞ知る」は、表向きは目立たないものの、じつは実力がある人に対して使う言葉で、「知る人ぞ知る実力者」などと使います。

×むらがある
←
〇やるときはやる

仕事ぶりややる気に「むらがある」人は、ときどきは頑張っている人。そこに注目すれば、「やるときはやる」と表せます。なお、「むらがある」は、漢字では「斑がある」と書きます。

# め

## ×芽が出ない
←
## ○大器晩成

「芽が出ない」は、ストレートすぎる悪口。世に出るまでに時間がかかっている人のことは、「大器晩成」や「未完の大器」「発展途上」などと形容できます。また、「努力家」と呼べるタイプもいるものです。

## ×めげやすい
←
## ○自分に厳しすぎる

「めげやすい」のは、責任感が強すぎて、自分をすぐに責めるからでしょう。そうみれば、「自分に厳しすぎる」や「責任感が強い」と表すことができます。たとえば、

「めげやすい性格」は「自分に厳しすぎる性格」というように。

×目先が利く

←

○才気煥発

「目先が利く」というと、ネガティブなニュアンスを若干含みます。その「頭の回転の速さ」に着目して、「才気煥発」「頭脳明晰」「一を聞いて十を知る」と言い換えると、マイナスのニュアンスを消せます。たとえば、「目先が利く青年」は「頭脳明晰な青年」というように。

×目立たない

←

○その場に馴染んでいる

「目立たない」ことは、「その場に馴染んでいる」や「その場に溶け込んでいる」と言い換えられます。また、そういう人の性格は、「でしゃばらない」「周囲の人を立てる」「控えめ」とも表せるでしょう。

**×目立ちたがり屋**
**↓**
**○華がある人**

「目立ちたがり屋」は、何かしら人よりも「目立つ」点を持っているはず。そこをポジティブにみれば、「華がある人」とも〝評価〟できます。たとえば、「なにしろ、目立ちたがり屋ですから」は「なにしろ、華のある人ですから」と言い換えられます。

**×目立つ人**
**↓**
**○華やかな人**

「目立つ」は、美しさや優秀さで人目を引くという意味で使われる一方、悪目立ちしているという意味に用いられることもあります。そこで、「華やか」「艶やか」や

「抜きんでている」に言い換えると、ポジティブに目立つ方向に意味を限定できます。

**×目つきが悪い**

←

**○キリリとした顔だち**

「目つきが悪い」人は、おおむね目が吊り上がっているもので、見ようによっては、「キリリとした顔だち」といえるでしょう。「パパに似て、キリリとした顔だちですね」など。また、「目力がある」という表現が似合う人もいるものです。

# も

## ×もったいぶる
←
## ○重みを感じさせる

「もったいぶる」は、意図的に重々しく振る舞うさまを表す言葉。その「重々しさ」に注目すれば、「重みを感じさせる」や「貫禄がある」「風格がある」と表すことができます。

## ×モテない
←
## ○魅力をわかってもらえない

「モテない」のは、能力や性格のよさを評価されていない状態といえるでしょう。そうみれば、「魅力をわかってもらえない」や「よさが伝わりにくい」と表すことができます。「あなたの魅力は、並の人には理解できませんよ」など。

×物臭
←
○疲れるようなことはしない

「物臭」な人は、ちょこまか動いたりはしません。その動じないところを美点とみれば、「ゆったりと構えている」や「疲れるようなことはしない」、「じっくり取り組む」や「やるときはやる」などと表せます。

×物知り
←
○博識家

「物知り」というと、ひろく物事を知っているというだけでなく、知識を鼻にかける人といったニュアンスを多少含みます。「博識家」に言い換えれば、そうしたマイナスイメージは消え、純粋に物をよく知っている点を強調できます。

×文句が多い

←

○自分の意見を持った人

「文句が多い」ということをポジティブにみれば、自分の判断基準をしっかり持っているということ。そうみれば、「自分の意見を持った人」や「意思のしっかりしている人」と言い換えられます。

×問題児

←

○波瀾を呼ぶ人物

「問題児」は本来は、教育上、特別の配慮を必要とする児童のこと。そこから、行動や発言が周囲とマッチしない人という意味で使われています。それを「波瀾を呼ぶ人物」や「話題の人物」あるいは「有名人」に言い換えれば、その問題児ぶりを婉曲に表現できます。たとえば、「会社の問題児」を「社内の有名人」というように。

## や・ゆ・よ

**×やかましい**
←
**○元気がある**

「やかましい」人は、口数が多く、声も大きい人でしょう。そういう人の様子をポジティブにみれば、「元気がある」や「威勢がいい」と表せます。また、無口な人よりは、対人関係に積極的であるととらえることができれば、「親しみやすい」とも表せます。

**×野次馬根性**
←
**○何にでも興味がある**

「野次馬根性」は、物見高い気質を表す「準ネガ語」。ただ、その好奇心の旺盛さに目を向ければ、「何にでも興味がある」や「好奇心に溢れている」と表現できます。たとえば、「野次馬根性の塊」は「好奇心の塊」というように。

**×安物**
**←**
**○リーズナブル**

安物のなかでも、価格が手頃なわりに品質のいい商品は、「リーズナブル」と表現できます。また、そうした商品は、「お値打ち品」や「掘り出し物」と表すこともできます。

**×痩せっぽち**
**←**
**○スリム**

「痩せっぽち」な人は、細身で華奢な人でしょう。同じことは、「スリム」や「スマート」「スレンダー」「モデルのよう」といっても伝わるものです。

×やっつけ
　　←
○仕事が早い

「やっつけ」というと、間に合わせの粗雑な、という意味。ただ、その「素早さ」に目を向ければ、「仕事が早い」や「思い切りがいい」とも表せます。たとえば、「やっつけ仕事」は「素早い仕事」というように。

×やり手
　　←
○凄腕、敏腕

「やり手」は手腕のある人のことですが、その一方、海千山千で人を陥れることも厭（いと）わないといったマイナスのイメージも伴います。「凄腕」や「敏腕」に言い換えると、そうしたマイナスイメージを消せます。たとえば、「業界きってのやり手」は「業界きっての敏腕」というように。

×優柔不断

←

〇思慮深い

「優柔不断」な人は、むろん慎重に考えます。そこに焦点を当てれば、「思慮深い」のほか、「熟慮を重ねる」「じっくり考える」「慎重」などと表せます。「グズ」や「決断力がない」などのネガ語も、同じように言い換えることができます。

---

×融通がきかない

←

〇信念がある

「融通がきかない」人は、よくいえば、原則やルールを尊重する人。その点をほめれば、「信念がある」のほか、「ぶれない」「筋が通っている」「首尾一貫している」に言い換えられます。「生き方に一本、筋が通った方ですよ」など。また、「頑固」や「人の意見を聞かない」も、同様に言い換えることができます。

×優等生 ← ○優秀な学生

「優等生」というと、面白みのないガリ勉というニュアンスを含んでいます。一方、「優秀な学生」や「すぐれた学生」といえば、そうしたネガティブな語感を含みません。

×幼稚 ← ○若々しい

「幼稚」は、さまざまに言い換えることができる言葉です。年をとっても若々しい気持ちを残しているとみれば、「若々しい」のほか、「少年のよう」「天真爛漫」「稚気あふれる」「無邪気」「愛すべき」「純朴」などと表すことができます。たとえば、「幼稚な考え」は「若々しい考え」、「幼稚な言動」は「天真爛漫な振る舞い」というように。

×要領が悪い
←
○手間ひまをかける

「要領が悪い」人は、何かと手間取るわけですが、その様子は「手を抜かない」とも表せます。また、タイプによっては、「手間ひまをかける」や「妥協を許さない」とも表せます。たとえば、「要領が悪い仕事」は「手間ひまをかけた仕事」というように。

×要領が悪い
←
○正直すぎる

「要領が悪い」人の生き方に、ごまかしや嘘はありません。そうみれば、「正直すぎる」と言い換えることができます。

×よく食べる
←
○おいしそうに食べる

「よく食べる」というと、「大飯食らい」といっているように聞こえますが、「おいしそうに食べる」といえば、味に満足して食べるさまを温かく表現できます。「よく食べるね」を「おいしそうに食べるね」と言い換えるだけで、言葉のやさしさは大きく変わってきます。

×よそよそしい
←
○礼儀をわきまえている

「よそよそしい」ことは、よくいえば、ベタベタとなれなれしくしないということ。そうみれば、「礼儀をわきまえている」と表すこともできます。

×（性格が）弱い

↓

○やさしすぎる

「（性格が）弱い」のは、「やさしすぎる」「おとなしすぎる」「控えめすぎる」など、「〜すぎる」を使って表すことができます。「性格がやさしすぎるんでしょうね」など。また、「繊細な」「おとなしい」「穏和な」「静かな」という形容が似合うタイプもいるでしょう。

# ら・り・る・れ・ろ

**×ラフな**（服装）

←

**○カジュアルな**

「ラフな服装」というと、フォーマルな場にふさわしくない服装というニュアンスが生じます。一方、「カジュアルな服装」といえば、形式ばらず、気取らない服装というポジティブな意味合いになります。

**×乱雑な部屋**

←

**○生活感がある部屋**

「乱雑な」ということをポジティブにみれば、飾ることなく、ふだんのままであるということ。そうみれば、「乱雑な部屋」は「生活感がある部屋」と表すことができます。

**×理屈っぽい　←　○ロジカルな**

「理屈っぽい」というと、現実に即していないというネガティブな意味合いを含みますが、英語で「ロジカルな」といえば、そうしたマイナスのニュアンスは消えます。ほかに、「理論的」「知的」「説得力がある」と表すこともできます。

**×利口　←　○切れる**

「利口」というと、「ずる賢い」というニュアンスを含むことがありますが、「切れる」と言い換えれば、純粋に頭のよさをほめることができます。たとえば、「彼ほど、利口な人を見たことがありません」は、「彼ほど、切れる人を見たことがありません」というように。また、「頭がいい」も嫌味に聞こえることがあるので、「切れる」に言い換えるといいでしょう。

**×利己的**

←

**○合理的**

「利己的」というと、自分の利益ばかりを追求するというネガティブな形容になります。一方、「合理的」は、無駄がなく、能率的であることの形容。「利己的な態度」を「合理的な態度」と言い換えても、伝わる人には、言いたいことが伝わるものです。

**×リストラされた**

←

**○転機を迎えた**

人のことに関して、「リストラされた」というのは、ストレートすぎる表現。「大きな転機を迎えた」や「新しい一歩を踏み出そうとしている」と言い換えるといいでしょう。たとえば、「○○さん、リストラされたようですよ」は、「○○さん、転機を迎えられたようですよ」と言い換えるなど。

**×リーダーシップに欠ける**

←

**○自由放任型**

「リーダーシップに欠ける」上司がいるものですが、そういうキャラクターをひいき目にみると、部下の自由にまかせて干渉しないタイプといえるでしょう。そう考えれば、「自由放任型」や「部下の自主性にまかせている」と表すことができます。

**×流行遅れ**

←

**○時代に流されない**

「流行遅れ」ということは、時流の影響を受けていないということ。その点に着目すれば、「時代に流されない」や「風潮に染まらない」「伝統を大事にする」と表せます。たとえば、「流行遅れの考え」は「時代に流されない考え」というように。「流行に疎い」も同様に言い換えられます。

**×ルーズ**
**←**
**○マイペース**

「ルーズ」な人は、自分なりのペースで対処している人とみることもできます。そうみれば、「マイペース」と表せます。たとえば、「ルーズなところがある」は、「マイペースなところがある」というように。

**×礼儀知らず**
**←**
**○威勢がいい**

「礼儀知らず」な人は、目上の人の前でも、物怖じすることなく、発言し、行動するもの。その点に着目すれば、「威勢がいい」や「元気いっぱい」などと表せます。たとえば、「礼儀知らずの輩」は「威勢がいい人」というように。

---

**×冷酷 ← ○敏腕**

「冷酷」な人は、情に流されない分、物事を冷静に処理するもの。その点をポジティブにみれば、「敏腕」「辣腕」「才腕」「仕事ができる」と表せます。また、「冷酷な判断」は、「冷静な判断」「シャープな判断」と表せます。

---

**×老後 ← ○人生後半戦**

「老後」というと、現役ではない「もう終わった人」というニュアンスを伴います。一方、「人生後半戦」といえば、人生に一段落がついたものの、再び腰をあげて、

「新しいことに取り組む」という意味合いになります。

---

**×ロートル**

**○古強者(ふるつわもの)** ←

「ロートル」ということをポジティブにみれば、多くの経験を積んでいるということ。その点に着目すれば、「古強者」や「その道のベテラン」と表せます。

---

**×論外**

**○常識にとらわれない** ←

「論外」であることをポジティブにみれば、一般的な意見や知識にとらわれないということ。そうみれば、「常識にとらわれない」や「常識に縛られない」と表せます。たとえば、「論外のアイデア」は「常識にとらわれないアイデア」というように。「常識はずれ」「現実離れ」「現実を見ていない」も、同様に言い換えられます。

## わ・を

×若い　←　○若々しい

「若い」というと、未熟というニュアンスを含むことがありますが、「若々しい」といえば、そうしたネガティブな意味合いは生じません。「若々しくて、うらやましい限りです」など。

×わがまま　←　○甘え上手

「わがまま」な人は、人の厚意を引き出し、自分の要望を押し通すもの。とみれば、その様子は「甘え上手」や「人に甘えるのが得意」といえなくもありません。また、自分の好みにこだわって周りに気をつかわないところは、「マイペース」や「自由」とも表せます。

**×わからず屋**

↓

**○信念がある、ブレない**

「わからず屋」は、自分の考えに固執し、人の説得を受け入れようとしません。ただ、その「ブレない」ところを長所とみれば、「信念がある」や「自分の考えをまげない」と表せます。たとえば、「あのわからず屋に手を焼いています」は、「信念がある人なので、説得に手間取っています」のように。

**×脇が甘い**

↓

**○人をよく信用する**

「脇が甘い」のは、人をよく信用するからでしょう。その点に着目すれば、「人をよく信用する」や「人を疑わない」と表すことができます。「隙だらけ」も、同様に言い換えられます。

---

**×わけがわからない**

**←**

**〇シュール**

抽象絵画など、「わけがわからない」作品を観たときは、「前衛的」や「抽象的」「芸術的」と表しておくのが無難。また、「シュールな」と言い換えるのもOKです。たとえば、「わけがわからない発想」は、「シュールな発想」と言い換えておくといいでしょう。

---

**×悪あがき**

**←**

**〇最後まで踏ん張る**

「悪あがき」は、もう手の施しようがない場面で、ムダなことを試みること。ただ、その「あきらめない」点に目を向けると、「最後まで踏ん張る」や「最後まで立ち向かう」と形容できます。たとえば、「最後の悪あがき」は「最後の踏ん張り」というように。

×悪い
↓
○適当でない

「悪い」は、決定的なネガティブ表現。使うと、ほぼ確実に、相手の感情を害することになるので、この語を避けながら、気持ちを伝え合うのが大人の会話といえます。たとえば、「適当でない」「適切ではない」「好ましくない」といえば、「悪い」という意味を婉曲に伝えることができます。また、「お話にならない」や「場違い」といったネガ語も、「適当でない」に言い換えることができます。たとえば、「その判断は、お話になりませんよ」は、「その判断は、適当でないと思いますよ」という具合。

×和を乱す
　　↓
○馴れ合わない

「和を乱す」のは、自分の意見を持ち、安易に周囲に従わないからでしょう。その点を肯定的にとらえれば、「馴れ合わない」のほか、「主体性がある」や「自分の世界を持っている」と表せます。

---

×ワンマン
　　↓
○リーダーシップがある、決断力がある

「ワンマン」な人は、人の意見に耳を貸さず、自らの思うままに物事を進めます。そうした行動は、前向きにとらえれば、「迷わない」や「人の意見に左右されない」「リーダーシップがある」「決断力がある」と表せます。たとえば、「ワンマン経営」は「リーダーシップに溢れた経営」というように。

---

×ヲタ（オタク）
↓
〇ギーク

「ヲタ」というと、極端にマニアックというイメージを含みますが、英語で「ギーク」というと、今のところ、ネガティブなイメージはかなり薄まります。また、「夢中になれるものを持っている人」や「愛好家」と表すこともできます。

## 言い換えマスターへの道〈ま・や・ら・わ行〉

〈ま・や・ら・わ行〉のいろいろな「ネガ語」です。失礼にならないよう、角を立てないよう、ポジティブに言い換えられますか。

×回りくどい↓○過程を大切にしている
×矛盾している↓○細かいことにこだわらない／常識にとらわれない
×娘盛り↓○妙齢
×無理な注文をする↓○相手の可能性を信じている
×目先のことにとらわれる↓○目の前のことに集中している
×面倒臭がり↓○合理的
×モチベーションが低い↓○気持ちが一定している
×物足りない↓○腹八分
×約束ごとにルーズ↓○自分のペースを大切にする／何かと多忙のような

×やる気がない↓〇前のめりになりすぎない／ゆったり構えている
×要領を得ない↓〇白黒を決めつけない
×よくしゃべる↓〇話が面白い／話に淀みがない／話題が豊富
×世渡り上手↓〇誰とでも仲良くできる／周りを笑顔にできる
×楽ではない↓〇過程を楽しめる
×楽な仕事しかしない↓〇自分の好きな仕事には熱心に取り組む
×理解に時間がかかる↓〇時間をかければ理解できる
×理解不能↓〇天才的／独創的
×理屈屋↓〇理論家
×流行に疎い↓〇伝統を大事にする
×論理的でない↓〇感覚がすぐれている／ひらめきがある
×わかっていない↓〇学ぶことがたくさんある
×若手社員↓〇有望株／期待の新星／将来のエース
×我関せず↓〇さらりと受け流す／周りに流されない

# 付章
# モノの見方が一瞬で変わる「言い換え」の話

# 1 大事なのは、前向きに考えること

## 明るく考えるためのポジティブ変換

×もう半分しかない

↓

○よし、まだ半分もある

この章では、「モノの見方」をポジティブにしたり、人間関係を前向きにしたりするいろいろな「フレーズ」の言い換えを紹介します。まずはモノの見方をポジティブ変換する基本から。「もう半分しか残っていない」と不安になったとき、「よし、まだ半分も残っている」と頭の中で言い換えれば、それだけで、ポジティブな気分になれるものです。時間がないときも、「残り1日しかない」と思うよりも、「よし、まだ丸一日もある」と考えたほうが、落ちつけるものです。

**×思うようにいかない**

**←**

**○うまくいっていることもあるから大丈夫**

仕事でも勉強でも、「思うようにいかない」と不安になったときは、頭の中で「うまくいっていることもあるから大丈夫」と言い換えるといいでしょう。悲観的な気分が消え、現状を冷静かつ楽観的にみられるようになります。

**×やっぱりダメだった**

**←**

**○今回は、たまたまダメだっただけ**

失敗したとき、「やっぱりダメだった」と落ち込むと、再チャレンジする意欲は湧いてきません。「今回は、たまたまダメだっただけ」と脳内変換すれば、「よし！」ともう一度挑戦する元気が出てきます。

---

**×いつも失敗ばかりだ**

**←**

**○次はきっと大丈夫**

「私は、いつも失敗ばかりしている」というような自分をおとしめるフレーズが頭に浮かんだときは、「失敗したけど、次はきっと大丈夫」と、頭の中で言い換えましょう。そうすれば、自然に意欲が湧いてくるはず。

---

**×今回はたまたま、運がよかっただけ**

**←**

**○運も実力のうち**

運よくうまくいったとき、「今回はたまたま、運がよかっただけ。私の実力ではない」と考えると、自信につながりません。「運も実力のうち」と前向きにとらえると、自信も湧いてくるし、機嫌よく生きられるものです。

**×こんなはずじゃなかった**

**↓**

**○こんなこともあるさ**

ときには失敗をして、「こんなはずじゃなかった」と落ち込むときもあるでしょう。そんなとき、くよくよ考えると、さらに落ち込むことになりかねません。「こんなこともあるさ」と脳内でつぶやけば、元気が出てくるはず。

**×あのとき、こうすればよかった**

**↓**

**○すんだことは仕方がない**

何かが不首尾に終わったとき、「あのとき、こうすればよかった」と悔やんだところで、後悔先に立たずで、時が戻るわけではありません。反省すべき点を反省した後は、「すんだことは仕方がない」と脳内変換すれば、ポジティブな気分になれるはず。

×もう歳だから

←

○まだ、○○歳だから

「今日よりも、若い日はない」といわれるくらいで、何かを始めるのに「遅い」ということはありません。思い立ったが吉日、「もう歳だから」とは考えず、40歳の人は「まだ40歳だから」、70歳の人は「まだ70歳だから」と脳内変換すれば、意欲が湧いてくるでしょう。

×どうせ無理

←

○やってみないとわからない

新しい計画を思いついたとき、「どうせ無理」と最初から考えては、むろんうまくいくはずもありません。×のようなフレーズが頭をよぎったときは、「やってみないとわからない」と言い換えると、脳細胞が活発に動きはじめるかもしれません。

**×私なんか**

**←**

**○私でも**

「私なんか」は、自分をおとしめるフレーズの代表格。「私なんかに、できるわけがない」と思ったときは、「私でも、できるかもしれない」と言い換えてみましょう。「自分はダメだ」「自分にできるわけがない」も、同様に言い換えると、元気が出てくるはず。

**×あの人に比べて自分はダメ**

**←**

**○あの人はあの人、自分は自分**

人と自分を比べて落ち込んだときは、「あの人はあの人、自分は自分」と脳内でつぶやいてみましょう。そして、「自分には自分にしかない、いいところがある」と唱えれば、元気が湧いてくるものです。

**×あの考え方はおかしい**

←

**○人それぞれ、考え方は違う**

人から反対されたり、批判されたりしたとき、「あの考え方はおかしい」と、いちいち腹を立てていては体が持ちません。「人それぞれ、考え方は違う。いろいろな考え方があっていい」と割り切っておけば、反対されても批判されても、平静でいられます。

# 2 言葉を変えると、もっと生きやすくなる

## 世の中をうまく渡るためのポジティブ変換

×仕方ないですね

↓

**○また、声をおかけしますね**

人を誘ったが断られたとき、「仕方ないですね」と応じると、互いにネガティブな気分になってしまいます。「それは残念ですね。また、声をおかけしますね」と応じれば、親しみの気持ちをよりポジティブに伝えられます。

**×転勤ですか、たいへんですね**

**←**

**○ご栄転、おめでとうございます**

転勤の挨拶に来た人に対して、×のようなネガティブなフレーズで応じると、相手の門出に水を差してしまいます。栄転と呼べるかどうか、微妙なときでも、「ご栄転、おめでとうございます。新天地でのご活躍をお祈りいたします」と、ポジティブに応じるのが大人のもの言い。

**×本日はキャンペーンで参りました**

**←**

**○本日はお得なキャンペーンで参りました**

たとえば、飛び込みセールスでインターフォン越しに話すとき、○のように「お得な」という一言を足すだけで、お客がドアを開けてくれ、面談できる確率を高めることができます。

×それが、どうかしたんですか？

↓

○それは、いいことを教えていただきました

人の話に対して、×は最低クラスのネガティブなあいづち。相手の話の腰をポキンと折ってしまいます。相手の話に興味がない場合でも、「それは、いいことを教えていただきました」などと、ポジティブに応じるのが大人の反応というもの。

---

×そろそろ時間なので

↓

○お名残惜しいですが

次の予定があって話を打ち切らなければならないとき、×のようにいうと、相手を軽視しているようなニュアンスが生じてしまいます。○のようにいえば、「もっと話したいのだが、残念」という気持ちを伝えられます。

---

×ご意見を伺い、参考になりました

←

○ご意見を伺い、目からうろこが落ちました

相手の意見を聞いたあと、その感想を「参考になりました」と伝えるのは、ポジティブさに欠ける表現。○のように、「目からうろこが落ちました」といえば、相手の意見に目を開かれたという思いを驚きを込めて伝えることができます。

---

×お話を伺い、興味を覚えました

←

○お話を伺い、心動かされました

これも、前項と同様で、「興味を覚えました」は、ポジティブさに欠ける表現。「心動かされました」といえば、感動したことをよりはっきりと表せます。

## 「も」の一字で、ポジティブにする言い方

**×〜は上手ですね**
**↓**
**○〜も上手ですね**

たとえば、相手の文字を見て、「字は、上手ですね」というのは、かなり失礼なもの言い。相手は「字以外は下手といいたいわけ？」と受け取ることでしょう。「字も、お上手ですね」とほめるのが大人のもの言い。

**×よく撮れていますね**
**↓**
**○写真写りも、いいですね**

相手が写った写真を見て、「よく撮れていますね」というのはタブー。「実物よりもいい」という皮肉にとられかねないからです。「写真写りも、いいですね」と助詞

の「も」を使えば、そんな失礼なことにはなりません。

## 押しつけがましさを消すポジティブな言い方

×行ってもいいです
　↓
○行きます

人から誘われたとき、「行ってもいいです」は、相当失礼な返事。相手には「行ってやってもいいよ」といった傲慢な言い方に聞こえることでしょう。どうせ行くなら、素直に「行きます」や「伺います」と答えるのがベター。

---

×手伝ってあげましょう
　↓
○手伝いましょう

手助けを申し出るとき、「手伝ってあげましょう」は禁句。「〜してあげましょう」は上から目線の言い方で、この言葉一つで、相手の反感を買い、せっかくの厚意が無になりかねません。単に「手伝いましょう」や「お手伝いしましょう」といえばいいところ。

## 「いい・悪い」のいい言い方・悪い言い方

×それで、いいんじゃない

↓

○それは、いいんじゃない

日本語は、一字違いでニュアンスが大きく変わります。たとえば、人から提案されたとき、×のように「それで〜」と応じると、仕方なくOKを出しているように聞こえ、相手に喜んではもらえないでしょう。一方、○のように「それは〜」で始めれば、高く評価していることを伝えられます。

**×悪くないと思います**

←

**○いいと思います**

相手のプランや意見に対して肯定・同意するときには、「悪くない」という否定形で表すよりも、「いい」という肯定形を使ったほうが、意味が伝わりやすいうえ、相手に与える印象もよくなります。

---

**×今回は出来が悪いですね**

←

**○今回は出来がよくないですね**

逆に、相手の仕事の出来や意見を否定するときには、「悪い」を「よくない」に言い換えると、表現が婉曲になり、角が立ちにくくなります。

## 人をムッとさせないためのポジティブ変換

×うそでしょ

↓

○本当ですか

会話で人の気分を損ねないためには、なるべく否定的な言葉を避けるのがコツ。このフレーズはその代表格。「うそ」というネガティブな言葉を使うと、「私がうそをついているっていうの？」と、相手をムッとさせかねません。「本当」というポジ語を使って言い換えましょう。

---

×一言言わせてもらっていいですか

↓

○一つ、提案があります

「一言言わせてもらう」は、批判などをする前に使う言葉。下手に使うと、「今から、ケンカを売りますよ」という意味にさえなってしまいます。「提案」という前向きな言葉に言い換えれば、無用のいさかいを避けられるでしょう。

**×やっぱりダメだったか**

←

**○頑張ったのに、残念だったね**

「ダメ」というネガティブな言葉を使うと、相手をますます落ち込ませかねません。まずは「頑張った」とポジティブに評価してから、「残念だったね」と慰めるといいでしょう。

**×口でいうのは簡単だが**

←

**○実行するには、どうすればいいんだろう？**

×は、相手の提案に対して、最初から「できない」と決めつけるフレーズ。○のような実現可能性を探るフレーズを使ったほうが、相手の気分を害することもなければ、結果もよくなるはず。

## 否定形・ネガ語を避ける大人のもの言い

**×知らないと思いますが**

**←**

**○ご存じとは思いますが**

上司や先輩、取引先など、目上の人に対して「知らない」と決めつけるのは、失礼。たとえ相手が知らないと思えるときでも、「知っている」ことを前提にした言い方が基本になります。

---

**×お気づきではないかもしれませんが**

**←**

**○お気づきとは思いますが**

これも前項と同様で、目上の人を「気づいていない」人扱いするのは、失礼。「すでに気づいている」ことを前提にすれば、失礼な言い方にはなりません。

---

**×絶対に反対です**

←

**○こうとも考えられませんか**

「絶対に反対」というような100%の否定語は、大人として避けたいモノの言い方。○のようなニュートラルな言い方で、実質的に反対したり、否定したりできるのが大人の話し方。

---

**×それ、ちょっと違いませんか**

←

**○いくつか質問してもよろしいでしょうか**

「違う」というネガ語を使うと、この世の中、とかく角が立つもの。たとえば、○のように切り出し、質問するなかで、相手の話をじょじょに否定するのが、大人の話の段取りです。

×けっこうです
↓
○一回りしてきますので

たとえば、ショップに入って、店員からある商品をすすめられたとします。そのとき、「けっこうです」というと、ぶっきらぼうに聞こえます。○のようにいえば、「他の商品も見たい」という気持ちや「その商品は必要ない」「気に入らない」ことを婉曲に伝えられます。

3

# おめでたい席で、そのひと言はNG

## 結婚式・披露宴で使ってはいけない「ネガ語」

×家を出た
↓
○自立した

結婚披露宴で、新郎新婦の親元を離れて暮らした経験が話題になることもあるでしょうが、そんなときも「家を出る」や「家を出た」は禁句。「別れて家を出る（＝離婚）」ことを連想させるので、ＮＧなのです。「自立した」に言い換えます。

×離れて暮らす
←
○遠くに暮らす

新郎新婦が「故郷を離れて暮らした」ことを話題にするときでも、「離れて暮らす」という言葉はＮＧ。「離婚」を連想させる「離れる」という言葉を含んでいるからです。「遠くに暮らす」に言い換えます。

×お骨折り
←
○お力添え

結婚披露宴では、知人・友人らに感謝の気持ちを述べるときでも、「お骨折り」は禁句。「骨を折る」という言葉がネガティブなイメージを含んでいるからです。「お力添え」に言い換えます。

×帰る
←
○失礼する
披露宴会場を後にするとき、「これで帰ります」などというのはNG。「帰る」は実家に帰る（＝離婚）ことを連想させるので禁句なのです。「失礼する」に言い換えます。

×スタートを切る
←
○始める
結婚は、新しい人生のスタートですが、「スタートを切る」は禁句。「切る」が「縁を切る（＝離婚）」ことにつながるからです。「始める」や「開始する」「第一歩を踏み出す」などに言い換えます。

×鏡割り

**○鏡開き** ←

「鏡割り」は、「割る」というネガティブな言葉を含んでいるため、結婚披露宴では「鏡開き」に言い換えます。

**×時は流れ** ←

**○時はたち**

「流れる」は「縁談が流れる」ことを連想させるのでNG。「時はたち」や「時を経て」に言い換えます。

**×花が散る** ←

**○花が舞う**

春の結婚式でも、「花が散る」や「桜散る」という言葉はNG。「散る」というネガティブな動詞を避け、「花が舞う」に言い換えます。

---

**×離婚した　←**

**○回り道をした**

今は、新郎新婦のいずれか、あるいは二人ともバツイチということも珍しくありません。それでも、ストレートに「離婚した」というのはNG。触れないほうがいい話題ですが、話さなければならないときは、「回り道をした」に言い換えます。

---

**×最後に　←**

**○結びに**

スピーチの締めでは、「最後に、感謝申し上げて、お祝いの言葉に代えさせていただきます」というセリフが使われます。しかし、結婚披露宴ではNG。「最後に」という言葉が、二人の仲の最後を連想させることから、「結びに」に言い換えます。

青春文庫

# たったひと言で、人間関係が変わる 気の利いた言い換え680語

2023年6月20日　第1刷
2023年7月30日　第2刷

編　者　話題の達人倶楽部

発行者　小澤源太郎

責任編集　株式会社プライム涌光

発行所　株式会社青春出版社

〒162-0056　東京都新宿区若松町 12-1
電話 03-3203-2850（編集部）
03-3207-1916（営業部）
振替番号　00190-7-98602

印刷／大日本印刷
製本／ナショナル製本

ISBN 978-4-413-29829-2

伝わってくる。

「若い人は、ちるってる、とか使うんだろうな」

「たぶんね。わたしこの言葉が好きになったの。焦ってる時でもちるちるって自分に言い聞かせると、その先にチルチルミチルの追い求めた幸せがあるような気がするのよ。」

ちるちる、という言葉は「焦らない」とか正平や和歌子の言う「がんばらない」、「良い加減を見つける」。そんな意味合いをすべて兼ね備えた言葉のような気がした。

自分の残された時間を計る計算など要らない。とりあえずは今自分の目の前の問題が少しは良い方向に行くように、ちるちる考えて、ちるちるやっていくしかない。その先に青い鳥がいるのか、いないのか。

ペットボトルの蓋を開けて、一口飲んだ。

## 著者プロフィール

### 桐生 久（きりゅう ひさし）

愛知県碧南市出身。趣味として小説を書き続けて50年。1990年代に脳死、臓器移植をテーマにした「モアライフ」「死が完了するとき」などを同人誌に発表。2006年「フロイデ　ベートーヴェンはがんにならない」を出版。同人誌「矢作川」を発行している。


# 老境ちるちる

2023年３月15日　初版第１刷発行

著　者　桐生 久
発行者　瓜谷 綱延
発行所　株式会社文芸社
〒160-0022　東京都新宿区新宿1－10－1
電話　03-5369-3060（代表）
03-5369-2299（販売）

印刷所　株式会社暁印刷





ISBN978-4-286-29088-1　　JASRAC　出2210031－201